阅读日本
书 系

日本文化中的
时间与空间

加藤周一\著　彭曦\译

　南京大学出版社

图书在版编目(CIP)数据

日本文化中的时间与空间 /（日）加藤周一著；彭曦译. —南京：南京大学出版社,2010.8（2021.9重印）
ISBN 978-7-305-07264-2

Ⅰ.①日… Ⅱ.①加…②彭… Ⅲ.①文化-研究-日本 Ⅳ.①G131.12

中国版本图书馆 CIP 数据核字(2010)第 140517 号

NIHON BUNKA NI OKERU JIKAN TO KUKAN
by Shuichi Kato
© 2007 by Midori Yajima
Originally published in Japanese by Iwanami Shoten, Publishers, Tokyo, 2007.
This simplified Chinese language edition published in 2010
by Nanjing University Press, Nanjing
by arrangement with the proprietor c/o Iwanami Shoten, Publishers, Tokyo.
江苏省版权局著作权合同登记　图字：10-2010-238 号

出 版 者	南京大学出版社
社　　址	南京市汉口路 22 号　邮编 210093
网　　址	http://www.NjupCo.com
出 版 人	金鑫荣
丛 书 名	阅读日本书系
书　　名	日本文化中的时间与空间
作　　者	加藤周一
译　　者	彭　曦
责任编辑	田小粟　施　敏
照　　排	南京紫藤制版印务中心
印　　刷	南京爱德印刷有限公司
开　　本	787×1092　1/20　印张 8　字数 143 千
版　　次	2010 年 8 月第 1 版　2021 年 9 月第 6 次印刷
ISBN 978-7-305-07264-2	
定　　价	32.00 元
发行热线	025-83594756
电子邮箱	Press@NjupCo.com
	Sales@NjupCo.com（市场部）

* 版权所有，侵权必究
* 凡购买南大版图书，如有印装质量问题，请与所购图书销售部门联系调换

阅读日本书系编辑委员会名单

委员长：

谢寿光　社会科学文献出版社社长

委　员：

潘振平　三联书店（北京）副总编辑
路英勇　人民文学出版社副总编辑
张凤珠　北京大学出版社副总编辑
谢　刚　新星出版社社长
章少红　世界知识出版社副总编辑
金鑫荣　南京大学出版社总编辑

事务局组成人员：

杨　群　社会科学文献出版社
胡　亮　社会科学文献出版社
梁艳玲　社会科学文献出版社
祝得斌　社会科学文献出版社

阅读日本书系选考委员会名单

姓名	单位	专业
高原　明生（委员长）	东京大学 教授	日中关系
苅部　直　（委员）	东京大学 教授	政治思想史
小西　砂千夫（委员）	关西学院大学 教授	财政学
上田　信　（委员）	立教大学 教授	环境史
田南　立也（委员）	日本财团 常务理事	国际交流、情报信息
王　中忱　（委员）	清华大学 教授	日本文化、思潮
白　智立　（委员）	北京大学政府管理学院 副教授	行政学
周　以量　（委员）	首都师范大学 副教授	比较文化论
于　铁军　（委员）	北京大学国际关系学院 副教授	国际政治、外交
田　雁　（委员）	南京大学中日文化研究中心 研究员	日本文化

序　言

生活在"现在＝此处"

在日语中,有"将往事付诸流水"这样的说法。那是说:应该早一点忘记已经过去的纠纷,不要老是纠缠过去的事情,那样有利于个人、集团现在的活动。但是,那在另一方面又意味着个人以及集团都没有必要对过去的行为负责。当然,这是程度上的问题,不论在哪种文化中,追溯到过去追究责任的做法是有限度的。例如,刑法有时效,这种情况并非只存在于日本。不过,可以说在日本社会,很多人有这样一种明显的倾向,那就是:为了顺利地过现在的生活而不拘泥于过去;与其在法庭上解决纠纷,不如将过去付诸流水以实现和解。那样做有时更省事、更实际。但是,例如在第二次世界大战后,正如人们反复指出的那样,德国社会没有将奥斯威辛集中营付诸流水,而日本社会则试图将"南京大屠杀"付诸流水。其结果是,德国和法国恢复了信赖关系,而日中两国国民却没有建构起信赖关系,这一点是显而易见的。

关于未来,则有"哪知道明天会刮什么风"的说法。那恐怕有双重的含义。第一层含义是说:因为未来的状况不可预测,所以与其为未来的事情操心,不如关注现在的状况;另一层含义是说:因为不知道风向会怎样变化,所以到时候根据情况决定采取什么样的态度。在那里强调的是现在以及应对状态的适应能力,进而大概还包括超越状况变化的原理或者说不存在价值这样的含义。例如,这一点在阪神大地震时体现得非常充分。一方面人们对于未来的大地震没有充分的准备,另一方面市民在大地震发生后冷静、迅速地采取了应对措施。战后日本所关注的是在现在所处的框架内开展活动,而不是未来变化的可能性。急速的国际环境的变化,例如占领、美中接近、石油价格上涨等都是由外力所引起的,因为完全没有预料到,所以对日本人来说那是一种"冲击"。但日本人对于"冲击"的反应常常敏捷且高效。不论对谁而言,对哪个国家而言,将来的事情都很难预料。因此,长期计划失败的情况不在少数。但是,长期计划的失败和没有长期计划是不一样的。

在日本社会,在各种层面上都存在将过去付诸流水、将未来托付给一时、只看重眼前这种倾向。不是在过去与未来目标之间来定义现在发生的事情的意义,它独立于历史与目标,而由它自身决定。

事情在当事人的生活空间即特定集团内部发生。在日本,典型的集团在很长一段时间是家族以及村落共同体。不论在哪种情况下,集团的界限都很明确,对于集团成员同胞(insider)的态度和对待外人(outsider)的行为方式截然不同,也就是"福在内,鬼在外"。无论谁都希望"福在内",但并不是每个人都希望"鬼在外",因为外人不一定都是鬼。例如,一般来说市民社会对于家人、村落、企业的小集团来说是"外人",但那立足于"外人"不是鬼这一前提。

强烈的集团归属意识恐怕是"鬼在外"这种想法的背景。因为集团是日常生活的空间,所以强烈的集团归属意识大概意味着对于当事人来说,他的生活场所即"此处"就是他的世界。鬼居住在世界之外(灵界)。换言之,集团外部不是被理解为内部的延伸,而是被理解为与内部性质不同、由另外的价值体系所支配的空间。人们所关注的是集团内部即"此处",很少涉及外界。例如,以

"盂兰盆"为代表的祖先崇拜关注的恐怕不是身处他界的祖先的灵魂,而是每年回到"此处"的灵魂。

当然,这种特征实际上是许多传统社会所共通的,并不是日本的家族以及村落特有的意识、习惯。日本社会的特殊之处在于:即便传统的家族以及村落因为高度工业化而瓦解之后,在那里形成的意识以及(部分)习惯依然被不同层次的集团以及组织所继承,原原本本地延续下来了。那一点在对所属集团="此处"的强调方面突出体现了出来。公司就是一种典型,当公司规模较大的时候,其内部又会有小集团。在小集团的内部,顺应大势主义(conformism)的压力很大,顺应大势使人们难以与外部世界的人进行接触。

这样一来,让人觉得在日本人们生活在"现在=此处"。那背后存在一种世界观,它在时间方面被概括为"现在",在空间方面被概括为"此处"。世界观因为文化的不同而有所不同。也就是说,对于时间与空间的态度及其印象、概念并不是超越文化差异的普遍事物,而是具有不同文化的固有类型。在例如犹太教、基督教世界中的历史时间概念与日本的传统思考方式截然不同,对文化进行比较有利于阐明日本的情况。本书第一部、第二部将分别对时间、空间进行详细论述。不过,在那之前首先让我们说明一下比较的概念框架。

概念的框架

一般来说,在把两件事情作为两件事情来识别时,两者之间必须存在距离。距离有时候是时间性的,有时是空间性的,有时是时空性的,有时两者都不是(零距离)。

不出村落的村民在同一空间中会感受到时间的距离。两件事情在时间上有先后,那会作为村落历史上的事件被人们认识(diachronique)。

村民在与居住在不同地方的异人接触时,在同一时间会感受到空间的距离，了解异文化（synchronique）。

旅行者可以同时感受到时间以及空间的距离。奥德赛曾在海上听人鱼歌唱，之后回到故乡与妻子珀涅罗珀团圆。他听人鱼歌唱和与珀涅罗珀团圆是在不同时间不同场所发生的事情。两件事之间存在时间以及空间上的距离，这也是旅行的条件。身处海上的奥德赛不可能知道故乡当时发生了什么事。他回到故乡以后，听人们讲述情况，自己收集材料，对过去发生的事情重新进行整理——那是具有强烈意识的操作，在与过去的关系上，他理解了自己的王宫被贵族们所占据这一事实的意义。

旅行有时是集体进行的。《出埃及记》中的犹太人总是使旅行的起点（埃及）与终点（以色列）形成关联来思考在移动过程中、在特定时刻和特定场所发生的事情对于他们的意义。

如果既不存在时间的，也不存在空间的距离的话，那么事情就不会是两件，而成了一件。在同一时间、同一场所不会发生两件事情。"现在＝此处"的世界是同胞间的日常体验，在那里自己与他人的距离非常小。

人们能体验到时间的持续和方向，也能对持续的长度进行比较。"春宵一刻"、"人生短暂"就表达了这样的感觉。另外，还可以通过观察周期性现象来测量时间，例如脉搏是一种周期性身体现象，身体外部的自然现象则有昼夜的交替和月亮的盈亏以及钟摆的运动。现象的周期性越准确，测得也就越准确。众所周知，对时间的准确测定与自然科学的发展紧密相关，不过我们不对这个问题进行深入探讨。在此主要探讨日常的时间、历史的时间（意识）。

时间的方向性体现为事情的前后关系，如果投影在空间的话，大概体现为具有方向的直线。特别是关于历史时间，有四种类型的时间直线：(1) 两端封闭的线段与有始有终的有限的时间对应；(2) 一端封闭，另一端朝前进方向无限延伸的直线对应有始无终的历史；(3) 相反，无限的直线封闭在一点,那与无始有终的历史对应;(4)朝两个方向无限延伸的直线则是无始无终的历史。无始无终的时间也可以用像时钟那样朝一定方向无限循环的圆周来表示。循环的时间与直线的时间的不同之处在于它在绕完一周之后又重新回到原来的位置,同样的事情反复发生,也就是"永劫回归"。就日常生活而言,在四季分明的地区——日本列岛就是如此——的农业社会,四季循环是时间流逝的主要原型。"冬天来了,春天还会远吗?"就是一个典型。如果将这种时间观反映到历史过程中的话,就是"骄者必败"。有一种观点认为历史上的枯荣盛衰就像季节循环一样反复(循环史观)。

空间主要作为长度(一维)以及广度(二维以及三维)被人们所感知。测量空间的长度一般比测量时间的长度要容易一些。在测量空间时没有必要去发现周期现象,只要按单位测量两点之间的距离就行了,例如跨出一步时的距离。如果想再准确一点的话,可以用接近直线的木棒或金属棒两端之间的距离作为单位。另外还可以考虑到影响棒之长度的温度以及其他外部因素以进行调整。将棒即尺对准要测量的对象,就能知道其大致长度。但是,在此我们不对测量物理距离以及长度的问题进行深入探讨。

在对由文化所规定的空间表象进行比较探讨时,生活空间(例如从村落到国家)的界限是一个重要概念。当界限在物理上以及心理上比较明确的情况下,内部空间(其文化及社会)与外部空间性质不同,同胞间(insider)与外人(outsider)的差异明显,很少发生外人越过界限成为内部共同体成员的事情。在界限不明确、不封闭的情况下,内外空间的异质性不显眼,同胞与外人之间的交流比较容易进行,成员的流动性大。简而言之,有的界限封闭有的界限开放。

界限的内部空间不论在物理上还是在社会上都被结构化。结构化主要沿着纵轴进行,有时也沿着横轴进行,当然也有纵横结构化复杂交错的情形。关于都市空间、建筑空间的构造,其左右对称性(symmetry)和非对称性(asymmetry)非常重要。对称性与人们所处的整个空间相关,而与部分的性质无关。因此,对称性构造和非对称性构造的差异也显示了在其背景中存在设计者对于整体和部分关系的态度差异。

界限的外部空间未必是一样的。从内部来看,外部有远有近。近处的外部即近旁的邻村。那里有与我们村落相同的社会构造、价值以及信仰体系,使用同样的语言。因为近旁的空间是内部空间的延长,所以我们能充分理解。遥远的外部在所有方面都与内部性质不同,从一开始就无法充分理解。因此同村人对于邻村人的态度与对来自遥远外部的访问者的态度形成鲜明对照。特别是在分析日本社会的空间作用时,外部的远近这一概念十分重要。关于这一点,将在后文中详细论述。

本书的构成

本书由三个部分构成。第一部分对时间,第二部分对空间,第三部分对时间与空间的关系进行论述,内容涉及日本文化方面有关时空的若干重要课题。前两个部分又各分为三章。

第一、第二部分的第一章通过与其他文化进行比较,在古代神话以及信仰体系中对构成日本文化特征的时间以及空间概念的原型进行了探讨。原型未必都是历史的起源——那些很难准确地了解——而是在那之后的历史文化的各个领域一贯体现出来的时空具体表象的理念型。

关于历史意识,这里所说的原型与丸山真男所说的"古层"比较接近。"古层"是在意识深处贯穿各个时代持续存在的——这种情况下的意识是集团的意识,它在不同时代促进或者限制不同思想的发展并赋予它条件。①但是,作为理念型的原型不是古层那样的实体概念,而是用于分析的概念工具。这种工具不仅可以用来分析历史意识,而且还能用来分析对时间的看法,以及对空间的整个态度。

在接下来的第二章中,对原型的具体表象进行了阐述。我们无法对文化的所有领域进行探讨,只对艺术与文学的历史及其代表性作品进行了深入探讨。探讨时间以及空间在那里是如何被表现、被对待的。那虽然不是为了证明第一章的一般性意见,却可以强有力地支持它。另外,为了反过来分析、理解具体的文化现象,对第一章的理论在多大程度上、如何有效地对这些问题进行了解答。

总而言之,第一、第二部分的第一章对世界观中的时空、第二章则对其在艺术、文学中的表现进行了论述。最后的第三章结合一些具体事例论述了传统的时间以及空间观对人们的行为方式产生过的和正在产生的影响。第一、第二章结合"近代"以前的历史,而第三章则引用从近代日本到现在的事例。在过去的艺术以及文学作品中典型体现出来的日本文化的基本特征即便现在也在日常生活以及政治文化的各个领域制约着个人以及集团的行为方式。也就是说,传统依然具有生命力。

第三部分对日本文化中的时间与空间的关系进行了探讨。不重视整体而重视部分的倾向是该部分的要点。可以认为强调时间中的"现在"也就是强调部分的自律性(自我完结性),而不是强调整体。因此,那与对空间中"此处"的重视以及为了将此处即有限的空间结构化,不关注整体形式,而关注部分性质的态度彼此呼应。不是

---

① 《历史意识的"古层"》(1972),《丸善真男集》第十卷,岩波书店,1996年,34页。著者在该书中对《古事记》、《日本书纪》将"神代"(民族神话)直接融入"人代"(历史)的叙述方式给予关注,指出了作为贯穿在整体叙述中的"基底范畴"的"なる(成为)"、"つぎ(延续)"、"いきほひ(大势)"。"基底"即是"古层"。

"从整体到部分",而是"从部分到整体",这种思考过程的方向性是"现在＝此处"文化的基本特征。

要从整体上把握无始无终的历史时间是很困难的。在被明确的内外界限所包围的空间中,人们很少同时与内外空间发生关联。这样一来,不太关注整体的文化同时也产生了强烈关注部分的文化。不用说,那一点与在尚未受到大陆文化,特别是佛教文化洗礼的日本列岛占统治地位的世界观,以及在那以后仍然在集团意识深处持续的世界观的此岸性紧密相关。

从大陆传来的佛教,特别是十三世纪以后禅宗的神秘主义为在日本文化中同时超越时间与空间提供了启示。大灯国师用一句话概括得非常精彩:"亿劫相别须臾不离,尽日相对刹那不对。"在理论上,正如《正法眼藏》详细论述的那样,"彻悟"的目的是为了克服两分法(自他、主观与客观、单与多、有与无,或者常住与寂灭、生与死等),克服时间与空间的距离是那种意识的一个侧面。

目 录

序言 / 1
 生活在"现在＝此处" / 1
 概念的框架 / 3
 本书的构成 / 6

第一部 时 间

第一章 时间的类型 / 1
 犹太教的时间 / 1
 古希腊的时间 / 4
 古代中国的时间 / 6
 佛教中的时间 / 8
 《古事记》的时间 / 11
 日本文化的三种时间 / 13

第二章 时间的各种表现 / 17
 日语的特征 / 17
  语句顺序 / 17
  时 态 / 20
 日语文学 / 24
  物语的文体 / 24
  抒情诗的形式 / 31
  连歌的"现在＝此处" / 35
  俳句的时间 / 38
  随笔的特点 / 43
 艺术与时间 / 44

"音色"与"停顿"的音乐　/ 44
　　　身体表现　/ 47
　　　绘画中的时间　/ 48

第三章　行为方式　/ 53
　　　从神佛习合到摆脱信仰　/ 53
　　　贯彻顺应大势和内在化　/ 59

第二部　空　间

第一章　空间的种类　/ 69
　　　欧洲文明的空间　/ 69
　　　中国文明的空间和东亚世界　/ 72
　　　创世神话的空间认识　/ 75
　　　封闭的空间　/ 78
　　　村落的内与外　/ 80
　　　远方和村落　/ 84
　　　空间的三种特征　/ 89

第二章　空间的各种表现　/ 95
　　建筑空间　/ 95
　　　茶室的空间　/ 95
　　　崇尚水平线　/ 98
　　　非对称的美学　/ 101
　　绘画的空间　/ 107
　　　开闭的空间与绘画　/ 107
　　　主观主义倾向　/ 112

第三章　行为方式　/ 115
　　　开闭的对外关系　/ 115
　　　共同体的开闭和集体主义　/ 119

第三部　"现在＝此处"的文化

第一章　部分和整体　/ 123
第二章　逃脱与超越　/ 127

关于逃脱的愿望　/ 127
逃脱"现在"　/ 129
逃脱"此处"　/ 131
避难这种选择　/ 133
超越时空间　/ 136

后　记 / 140
译者后记 / 143

第一部　时　　间

第一章　时间的类型

犹太教的时间

有始有终的时间被表现为两端封闭的有限直线（线段）那种历史性时间表象，那是犹太教、基督教世界的特征。时间在直线上从起点指向终点，带着强烈的方向性来流动。其方向不会改变，也不会逆转。在时间线上发生的所有事情都是一次性的。《旧约圣经》既是开天辟地的神话，也是在讲述世界的终结。《出埃及记》所讲述的以色列史无非是从埃及出发，朝约定地点迁移的过程。因为可以从整体上对这种有始有终的时间进行考察、预测，所以"神向亚当、亚伯拉罕以及摩西显示整个过去和未来，以及时间的流逝和久远的时间"①。

这种时间概念与希腊文化的时间概念显然不同。形成近代欧洲历史意识的是这种犹太教时间，而不是希腊时间。另外，正如在后文中将要论述的那样，那与日本时间几乎在所有方面形成鲜明对照，那作为论述日本文化中的时间参照系非常重要。

---

① 《God shows Adam—but also Abraham and Moses—the entire past and future, the current and the final aeon.》Gersham Scholem, *The Messianic Idea in Judaism and Other Essays on Jewish Spirituality*, Schocken Book, New York, 1971, p. 5.

迈克尔·沃尔泽指出:《出埃及记》概括了犹太教时间观①。"《出埃及记》作为典型的直线型、发展型政治史,它不仅赋予了犹太教时间观以永远持续的形式,而且在根本上对于非犹太式思考方式来说也起着'样板'的作用。"②

在那里发生的事情是一次性的,事件的意义不是由与那时(现在)的状况的关系,而是由与过去和未来的事件的关系所决定。"在《出埃及记》中,历史事件只出现一次,其意义来自回顾过去、展望未来的相互关系的体系中"③。有限的时间能够系统化,可以在与整体构造的关系中决定个别的事件(部分)的意义。如果时间是无限的直线的话,那么就不能将之系统化,大概也不能在与整体构造的关系中来思考任何时点(现在)发生的事件的意义。当把时间视为无限持续的圆周上的循环时,同样的事情循环反复。今年的春天在去年的秋天之后,在今年的秋天之前。那样的话,人们无法谈论事件的前后关系,大概也不能使现在的事件与过去以及未来的事件形成关联。只有在有始有终的时间直线上,才不会将过去付诸流水,才不会说"不知明天会刮什么风",而是朝特定的结局、"目的地",即朝最终目标汇集。最终目标赋予在走向目标的过程中发生的所有事件以意义。

这样一来,在直线上不停地向终点前进的时间表象和"作为朝目标运动的历史"④这种观念密不可分。"以色列人的历史记述,关注的不是历史经过及其内在的各种力量的学术知识,而是历史目

---

① Michael Walzer, *Exodus and Revolution*, Basic Books Inc., New York, 1985.

② 《A political history with a strong linearity, a strong forward movement, the Exodus gives permanent shore to Jewish conceptions of time, and it serves as a model, ultimately, for non conceptions too》Walzer, Ibid., p.12.

③ 《In Exodus history events occur only once, and they take on their significance from a system of backward-and forward-booking interconnections...》Walzer, Ibid., p13.

④ 《die Geschichte als eine Bewegung zu Zielen hin》Rudolf Bultmann, *Das Ur-Christentum*, Artemis Verlag. Zürich und München, 1949(5. Auflage 1986), p.18.

标和历史事件之间的关系"①。

但是,时间的非可逆性并不是原原本本地被投影在历史过程中。历史朝目的地或者目标前进的趋势存在于长期的框架中,而不是在短期的细部。从埃及逃脱的以色列人集团在红海摆脱了追赶过来的法老的军队,红海的水一分为二,拯救了他们。这样的事情只发生一次,而不可能发生第二次。他们横贯沙漠,但等待着他们的是重重困难:没有水,也没有食物。因此他们犹豫:到底是前进还是后退,是坚持走到"约定的地点",还是退回到埃及呢?以色列人不是被动地、顺其自然地前进,而是在经历了痛苦思索、迷茫之后,才做出了积极向前的选择。"流淌着乳汁和蜂蜜的国度"固然是神的承诺,但那并不是无条件的,只有在舍弃其他神、侍奉唯一神的时候那才会出现。那是神与以色列人之间签订的双向性契约,他们前进就是在履行契约,而打退堂鼓回到埃及众神之下则是违反契约。在后者的情况下,神不受契约的约束。相反,如果神不赐予他们"约定的地方",也不遵守诺言的话,以色列人大概不会去尽义务侍奉唯一神吧。总而言之,对于他们来说,哪怕在契约很难履行的情况下,也只有两种选择即尊重或者不尊重与神的契约。换句话说,也就是在未来要实现的目的("约定的地方")和现在要解决的问题(从现在所处的困境中摆脱出来)这两项中,选择把哪个放在优先位置。

那么如何进行选择呢?那由集团成员即个人的意志所决定。在做决定的时候,神不会以"神托"的形式介入,巫女所告知的"命运"也不会对之产生影响。另外,领导人摩西不仅不会劝导,甚至还想方设法使集团不要向个人施加压力。总而言之,个人不论在何种意义上都不会受到外部力量的强制。在这种意义上,他们可以自由地做出决定。个人的自由决断结集起来形成集团的意志,他们选择与神签订契约,朝目的地前进。因为前进是以色列人的历史,所以他们创造了他们自己的历史。历史不是所处状况的变

---

① 《die israelitische Geschichteschreibung nicht an der wissenschaftlichen Erkenntnis des geschichtlichen Verlaufs und der ihm immanenten Kräften interessiert war, sondern am Verhältnis der geschichtlichen Vorgänge zum Ziel der Geschichte.》Bultmann, *Ibid.*, p.19.

化，而是人自由决断的结果。

这样一来，《出埃及记》体现了在犹太教、基督教世界起决定作用的两种概念的原型。其一是不断向目标前进的直线型有限的时间概念，其二是人类创造历史的概念或者说是历史人类中心主义。①

古希腊的时间

我认为无始无终的无限时间有两种表现。一种是具有一定方向的直线，时间在那条直线上从无限的过去向无限的未来流动。另一种则是在圆周上无限循环的时间，如果经历特定的时间（周期）的话，在圆周的一点上发生的事情会反复出现。后者的典型事例之一便是希腊主义的时间概念。

---

① 历史的最终目标也可以是乌托邦（Utopia）。在西洋思想史中体现出来的各种各样的乌托邦主义（Utopianism），在十九世纪德国的黑格尔、马克思的历史主义之前，大概可以说是"朝目标前进的历史"的典型。这种乌托邦是一种历史目标，那与中国道教中的蓬莱山以及仙境不一样。将道教的乌托邦与"现在＝此处"的现实隔开不是时间上的，而是空间上的距离。

很显然，历史的"进步"概念是以历史目标为前提的。直线的"进步"的各个阶段由离目标的距离长短来定义。如果没有目标的话，"进步"的概念也不能成立。

《旧约圣经》的人类主义在马克·夏卡尔为以色列教堂设计的窗户玻璃中也非常清晰地体现出来了。每扇窗户上画着《圣经》中的一个场面，其中一个是大洪水和诺亚方舟的场面。这个场面是如何处理的呢？窗户呈长条型，像是中国挂轴的扩大版。如果是宋元的水墨画，大概会这样来处理：缥缈的洪水布满整个画面，直至天际，当中泛起一片孤舟，舟中站着很小的人，那是不是诺亚只能让看的人自己想像。但是，夏卡尔把人物画得很大，占据了整个画面。只是在他的脚下很少的空白处画了洪水和方舟，说明那个人就是诺亚。那是因为对于夏卡尔来说，历史事件的要点既不是大洪水，也不是自然灾害以及所处的状况和那里的风景，而是面对那些人的行动。即使是接受了神的指示（恩宠），但诺亚是自发地遵照该指示来行动的（自由意识）。他的自由创造了历史。

当然，人类中心主义并不是犹太教固有的东西。人类中心主义也是希腊文化的特征。但是，希腊式的人类中心主义并没有在历史的脉络中体现出来。奥林帕斯的众神不论在外貌上还是在行为方式上都是"人性的而且是非常人性的"，而神是永远的存在，但并非在历史中存在。在犹太教的历史人类中心主义中，作为历史中存在的人以超越历史的神为媒介，一方面由历史创造条件，另一方面也创造历史。不过，在此无法对两种人类主义的相互关联以及在西洋史上的发展（从圣托马斯到伊拉斯谟）进行深入探讨。

古希腊人似乎认为宇宙中有和谐的秩序，而且那种秩序会永远持续。永远持续的宇宙秩序的"模型"便是天球。从地上观察到的天球——天体看上去像球一样——的配置虽然会随着时间的流逝而发生变化，但在经历了一定的时间之后，又会回到原来的状态。毕达哥拉斯派、斯多葛学派、柏拉图派都认为"宇宙持续反复，永劫回归"。希腊主义将时间认知为"周期性的，或者循环性的事物"①。

柏拉图把宇宙视为球体，说"如果将其'循环的回转运动'分节计算的话，那就是时间"②。另一方面，他还指出，在测定时间方面，天体运动所起的作用最大。③ 亚里士多德也强调天体的圆周运动是时间的尺度。"其他各种运动由天体运动来测定，另外，时间由该天球运动的标准所决定。"由于时间用圆周运动来测定，所以"时间本身被认为是一种像圆周的东西"。但是，运动与时间并不是同一事物，由人类精神赋予运动的数值便是时间。④

柏拉图以及亚里士多德，特别是后者在论述时间的时候，探讨了测定时间的问题，这一点很有意思。古希腊人将天体圆周运动的安定周期性作为工具来测定循环的时间。但是，测定时间的工具是安定的周期性，不一定要是天上的运动，也不一定要是圆周运动。另外，测定的时间不论是循环地流逝，还是直线性地流逝，都是一样的。如果我们把他们关于测定时间的命题理解为只有在一定间隔进行反复、任意的（天体或者地上的运动）现象才是测定时

---

① 爱诺思会议编：《时间的现象学Ⅰ》（神谷干夫译），平凡社，1990年，25—123页。Henr-Charles Puech(1902—1986)的论文。原著为"La gnose et temps" in *Proceedings of the 7th Congress for the History of Religious*，Amsterdam，1951以及*Enquête de la Gnose*，Paris，Gallimard，1978.

② "循环的回转运动"的法语翻译为:《un mouvement de rotation circulaire》TIMÉE，*Platon Oeuvres complitès*，Traduction mouvelle et motes par Léon Robin avec la collaboration de M. J. Moreau，Collection de la Pleiade，TomeⅡ，Gallimard，Paris，1950，p.452. TIMÉE 的译注由 Moreau 先生负责。

③ Léon Robin，*La Pensée Grecque et les origins de l'esprit scientifique*，La Renaissance du Livre，Paris，1932. p.276.

④《自然学》的"第四卷 关于场所和时间"（森进一译），《世界古典文学全集16 亚里士多德》，筑摩书房，1996年，416页。

间的工具的话，那无非就是测定时间的普遍原理。① 关于时间的概念，希腊主义的特征在于它不是关注其他周期现象，而是关注天体的运动，并在那里看出整个宇宙的构造秩序，认为时间本身是循环的。依据这种思考方式，不仅天体的位置，所有的事情都应该以各自的周期循环反复，逝去的春天在第二年又会到来，特洛伊战争——至少与那相似的战争在不久的将来大概还会发生，那就是"永劫回归"。

循环的时间观念是测定时间的有效工具。但是，"永劫回归"的空想对于古希腊的所谓历史学家叙述具体人类社会的历史并没有起到什么作用。对特洛伊战争经过的叙述与在遥远的未来是否会发生同样的战争这种事情基本上没有什么关系。希罗多德描述了地中海沿岸各地区的风土以及居民的习俗，讲述了涉及过去、现在的虚实交织的神话。那是地志学、文化地理学知识以及传说的集大成，但并没有相同种类的事件反复出现这样的原理贯穿其中，况且见于《出埃及论》的过去、现在、未来的事件的紧密关系也没有明显体现出来。修昔底德的确说过"人类具有共通性，过去的事情以及与之类似的事情将来还会出现"②。他在对伯罗奔尼撒战争进行详细论述时，反复提及的是"弱肉强食"这种"永远不变的原则"以及"支配欲"这种"人类的本性"③，而不是历史时间的循环性以及"永劫回归"。在古希腊的"历史"中就已经是这样，更不用说决定那之后的欧洲历史意识的是犹太教、基督教的直线性时间，而不是希腊主义的循环时间。

古代中国的时间

如果将主张历史事件周期反复的立场称为循环史观的话，那么循环史观不只见于古希腊，也见于古代中国。例如《孟子》中有

---

① 详见 Rudolf Carnap, *An Introduction to the Philosophy of science*, Basic Books, New York, 1974.

② 《世界古典文学全集 11 修昔底德》（小西晴夫译），筑摩书房，1971年，12页（第一卷，22）。

③ 前引书29页（第一卷，76）。

"五百年必有王者兴"(公孙丑第十三，下)这样的话。王者是行王道者，他们实现"平治天下"。王道是依据伦理(仁义)的政治，与依据权力统治的霸道对立。在尧舜的王道五百多年之后，殷朝的汤王施行了王道。在那五百多年之后，出现了周文王，文王的五百年之后出现了孔子。孔子虽然不是王者，但他是主张王道的圣人。孟子的时代相距孔子的时代只有一百多年，王道的复兴只能等到数百年后的将来(尽心第三十八，下)。另外，司马迁在《史记》中说"三王之道若循环终而复始"。("高祖本记")。"三王"是指夏禹王、殷汤王、周文王，他们所行的是孟子所说的王道。因为王道终而复始，所以《史记》用"若循环"这样简洁的一句话进行了概括。《史记》中还有"物盛而衰固其变也"("平准书")，"其变也"大概意味着变化的规律。如果说盛衰交替是变化规律的话，那肯定也是一种循环。中国的循环史观与希腊主义的永劫回归不同的是，它被限定在历史时间内，而与天体运动无关。古希腊哲学家将注意力集中在探求宇宙的基本秩序上，而中国古代思想家只关注人类社会。除了《易经》和名家，诸子百家都是如此(例如墨子和韩非子)，可以说这一点特别是在古代儒教中体现得非常彻底。

　　孔子不讲怪力乱神，孟子决不谈天上的秩序，而是执著于对地上、人类社会、规范进行分析。儒教后来受到佛教的影响，在为了与佛教对抗而兴起了宋学的理气说之后，才被建构为包括天上和地上的世界的总括性的形而上学。确实修昔底德和司马迁的循环史观有些相似。两位伟大的历史学家都尊重事实，分别对伯罗奔尼撒战争的经过和春秋战国时代黄河流域王朝的兴亡进行了记述，注意到历史事件的相同类型反复出现这一点，但他们的文化背景不同。修昔底德的背景中有作为宇宙原理的循环时间的观念，而那正是有希腊特色的世界观的中心。在司马迁的文化环境中占支配地位的世界观的核心不是宇宙的，而是人类社会的构造，孟子思辨地对那种伦理规范进行了论述，而司马迁则切合事实对其历史性展开进行记述，从而形成了循环史观。

　　在无限的直线上朝一定方向流逝的时间概念往往与在无限的圆周上循环的时间概念在相同的文化中共存。例如古代中国一方面存在循环史观，另一方存在天地间万物去来，光阴一去不复返这种直线性时间的概念。① 天地（自然）是永远的，一直存在于那里。时间无始无终。但是，万物（所有个物）出现然后消失，人生不会反复。就连某年桃花园的春夜（时间线上的一刻）一旦逝去，就不会再回来。因此，那一刻＝"现在"非常宝贵。②

古代中国并非没有开天辟地的神话（例如《山海经》）。但那过于荒唐无稽，对于地上的、合理的儒学世界的读书人大概没有产生什么影响。对于理性的、精神的中国来说天地没有起始，因此时间也没有起始，不用说也没有终结。认为时间是无限直线的不只有李白，很多诗人都是如此。

佛教中的时间

佛教是如何看待时间的呢？本书无法对这个问题进行系统论述。在此，只想指出从北印度通过中亚到达中国北部，进而传入朝鲜半岛和日本列岛的大乘佛教中交织了多种思想这一点。众所周知，大乘佛教在印度已经吸收了民间信仰的各种要素，在其长久的东进历程中分别受到各个地区文化的影响，在东北亚得到了发展。各种各样的思想或许有些相互矛盾，它们之所以交织在一起，大概是因为那些思想是在不同的文化或者信仰体系中形成的。

首先，在那里存在"轮回"（saṃsāra）的思想。因为生死无限反复，所以可以认为时间也是无限的循环。但是，一次生命与下一次生命未必相同。例如，在一次生命中叫沩山的禅僧的灵魂在下一次生命中或许会成为水牯牛的灵魂。水牯牛死后，它的灵魂也许会转为其他动物或者人的灵魂。禅僧的生涯与水牯牛的生活不同。轮回转世未必是同样事情的反复。的确，生死会反复，但在生与死之间，在禅僧和水牯牛之间发生的所有事情都不会反复。不会反复的两件事情——禅僧和水牯牛的生涯——的关系是行为及

---

① "天地者万物之逆旅也，光阴者百代之过客也。"李白：《春夜宴从弟桃花园序》。

② "古人秉烛夜游，良有以也"，李白，同上。直线的时间的"现在"不会反复，所以从宝贵的时间中得出怎样的结论因人、因地而异。"秉烛夜游"是享乐主义者李白，以及他以前的陶渊明得出的结论。

其结果,即因果的关系。因果关系需要事情的前后关系,前后关系不是在圆周上循环的时间上,而是在直线前进的时间上明确体现出来。"轮回"一半显示循环的时间,一半显示直线的时间。

其次,在某个时期的某个地域(例如在六朝的中国北部),弥勒信仰得到普及。弥勒佛现在正在天上冥想,但在遥远的未来会在地上出现,拯救一切众生。也就是说,那与基督教的再临信仰相似,是一种末世论。因为佛教没有言及世界和时间的起始,所以在弥勒信仰中体现出来的是无始有终的直线型时间。时间从无限的过去向有限的未来前进。

第三,末法思想在中国唐代出现,在平安朝院政期的日本也得以流行。末法思想是一种佛教史观,它以历史人物释迦的死为起点,将那之后的历史时间分为三个时期。第一个时期是施行释迦正确教诲(正法)的时代,第二个时期是传授与之相近的教诲(像法)的时代,第三个时期是佛教法衰退的末法时代。有的说第一个时期为500年,有的则说为一千年。第二个时期为一千年,第三个时期为一万年。在日本流行的是第一个时期为一千年的说法,正法和像法时代加起来二千年,如果释迦去世的年代能够确定的话,那么就可以知道末法从什么时候开始(1052)。因为当时正处于平安朝末期政治社会的危急状态之下,所以末法思想很快就得到广泛传播①。

当然,世界以及时间并不是与释迦同时起始的。但是,对于从强烈的佛教立场所看到的历史来说,释迦以前的过去并不重要。那与从强烈的伊斯兰教立场来看,穆罕穆德以前的历史并不重要是一样的。正如伊斯兰教历法将公元622年,即穆罕穆德从麦加迁移到麦地那的那一年视为元年一样,可以认为佛教的历史是从释迦开始的。另一方面,末法时代有一万年,那大概意味着作为人类社会的历史几乎是无限的。末法思想包含着有始无终的历史时间。那与弥勒末世论的无始有终的时间形成鲜明对照。

---

① 净土教是在末法时代兴起的宗教,它在天台教团的内部发展,之后产生了法然、亲鸾的净土真宗。详见井上光贞《日本净土教成立史研究》,山川出版社,1956年。

末世论与佛教体系紧密相关,不过认为真正的历史是从无限的直线上的一点开始的这种想法则未必要以宗教体系为前提。例如,人们大概会想像一种政治体制从它的创始人(founding father[s])开始,它本身会永远持续。人们事先不会意识到一种文明从某个时候开始,哪天会结束。"文明现在知道自己的生命是有限的"①,这种说法不如说是例外。末法思想的历史观也没有就其末世发表过意见。末法时代有一万年,差不多是永久持续。但那是堕落的过程,是随着时间的推移状况恶化的过程。未来不是王朝繁盛、文明进步,而是佛法持续衰落。也就说,末法思想是反进步主义——不是非进步主义。

第四,在佛教中有把时空间视作"空之物"的想法。时间及空间上的距离只不过是现实的一种表现方式。另一种表现方式是宇宙的一体性。现实可以作为距离(差别)来看,也可以作为一体(唯一的东西)来看。万物为一,一为万物。过去、现在、未来是永远的现在,永远的现在是过去、现在、未来。这种想法不是历史时间的概念的一种类型,而是对时间本身的超越。关于这一点将在后文中论述。

因此,时间的、特别是历史时间的概念因文化而异。这一概念中有以下几种类型:第一,在有始有终的线段上前进的时间;第二,在圆周上无限循环的时间;第三,在无限的直线上朝一定方向流逝的时间;第四,无始有终的时间;第五,有始无终的时间。第四、第五种类型都是直线的、无限长的。另外,有些文化一方面具有特定的时间概念(单数或复数),另一方面为了超越时间本身而在精神上进行努力。

因此,接下来的问题是:在日本文化中有怎样的时间概念,或者说日本文化中存在怎样的时间意识。

---

① 收录于《Nous autres, civilizations, nous savons maintenant que nous sommes mortelles》,Paul Valéry,"La crise d'esprit"(1919),Variété,Gallimard,Paris,1924.

《古事记》的时间

最早系统地记载日本神话的是《古事记》。该书由三卷构成，上卷是所谓"神代记"，对神的系谱和神话进行了叙述，中卷和下卷则按照年代记载了传说中的大和朝廷以及历史上的王（天皇）的系谱。该书是在朝廷的命令下，在八世纪初完成（《序》记载为712年完成，现存最古老的抄本是十四世纪之物）。

"神代记"的开头一句是"天地初发之时"，《序》中有"乾坤初分"，"发之时"大概是天地分离之时的意思。据说当时在天上形成了以天之御中主神为首的"三神"。之后，又陆续列举了"成神之名"。这与《旧约圣经》的"创世纪"显然不同。完全没有提到天地分离的情形。而且天地是"分离"，而不是由谁"分开"的。在那里，天地不是被创造，而是一体化的事物分离开了。最初的三神同时形成。但是人是看不到它的性质。他们的行动也未被记述。实际上之后出现的诸神也不是他们生的，而是独立于他们形成的。这样出现过一次的天之御中主神不会再在《古事记》中出现。大概不能将"神代记"的开头视为天地创造的神话，也不能将那视为时间的出发点。在那里反映出来的不是历史时间的开始这种意识，而只是追溯到无限时间的遥远过去这种观念。大和朝廷为了将自己正统化、树立权威而在遥远的过去追溯其起源。这种想法大概是从大陆学来的。

就这样，不断有神形成，也出现了伊奘诺、伊奘冉尊男女之神。伊奘诺与伊奘冉交媾，接二连三地生下了岛屿，生了"大八岛国（日本列岛）"，这是国土的起源。之后，他们又生了很多神。生下的神又生出别的神。伊奘冉尊在生下火神的时候，因被烧伤而死，从他身上又生出许多神。被伊奘诺杀死的火神的尸体上又出现了许多神。伊奘诺在洗左眼时形成了天照大神，在洗右眼的时候形成了月读命。他们分别是太阳神和月亮神。太阳神——天照大神让其子孙迩迩艺命下凡到日本的国土，其子孙成为传说中最初的王即神武天皇。天照大神以后的众神的系谱首先由传说中的，进而由历史上的天皇的系谱原封不动地持续下来。也就是说，那是王朝的起源。

的确，《古事记》叙述了国土和王朝的起源，而不是时间的起源。因为同样在《古事记》中没有叙述国土和王朝之前的事情。《古事记》的时间没有起始。虽然王朝谱系的最后是推古天皇（七世纪初），但不用说那并不意味着王朝的终结，更不用说时间的终结了，即完全没有提示末世论。古代日本文化所认识的历史时间是无始无终的直线时间。

之后对日本文化产生了压倒性影响的外来世界观，如佛教、儒教都未能从根本上改变这种无始无终的时间概念。佛教中并非完全没有开天辟地的故事。但是，佛教的要点——不论如何对之进行解释——很显然不在于释迦以前的时间的起点，而在于释迦以后的历史。另外，开天辟地的故事没有对日本文化产生过广泛且深远的影响。北畠亲房在《神皇正统记》（初稿1339年，改订1343年）中作为叙述日本的"神代记"的前提引用了佛教学说，言及了天竺、震旦的事例。① 而且在言及震旦的时候，说"震旦为书契之国，然建立世界所经之事不确"②。由此可以看出，古代儒教集中关注的是人类的社会和历史，而不问宇宙和时间的起源。不用说，儒家思想的体系在之后的宋学中也没有包含末世论。佛教中有弥勒佛信仰，弥勒佛将在历史的最终出现。那与基督教再临信仰并非没有相似之处。但是，如前所述，弥勒佛的出现太遥远，差不多是无限的彼岸的事情。而且，出现的弥勒佛不会主宰最后的审判，所以

---

① 《神皇正统记》（"绪论"）说："虽同为世界中，然天地开辟之初出云之状三国之说各异"。《日本古典文学大系87 神皇正统记·增镜》，岩波书店，1965年。

三国是指天竺、震旦、日本。天地之初三国应该不会有什么不同，因为日本的神话是相对化的。在这一点上，那是划时代的意见。在十八世纪撰写《古事记传》的本居宣长与北畠亲房不同，他最终未能将神话客观地相对化，并与其他文化进行比较，也未对之进行批判性评价。但是，北畠亲房并没有说明在三个国家应该不会有所不同的事物为什么分别发生了很大变化的理由。如果对该理由进行说明的话，大概会说不论哪种神话都不足以作为事实（历史）来相信。也就是说，将神话与历史严格区分开来，两者是非连续性的。那样一来，那与十八世纪前期的新井白石的《古史通》大概也没有太大的差别。白石是站在为德川政权的正统性进行辩护的立场，而北畠亲房则试图主张南朝的正统性，这大概是两者的差异的根本原因。将神话与历史加以分割，并以此来主张神皇（神圣的天皇）的正统性的做法是很困难的。

② 《神皇正统记》（"绪论"），前引书，48页。

它与"现在＝此处"的世界几乎没有关系。十六世纪末耶稣会的传教士带来的基督教的教义当中包含创世纪神话和末世论。改信基督教一定无法回避与历史时间概念的根本对决。但是,基督教来得太迟了。与通过朝鲜半岛接触佛教时的古代日本不同,传教士们所面对的十六世纪的日本文化已经非常洗练,拥有广泛普及的传统构造和价值体系。另外,传教士们的传教时间太短了。那是因为十七世纪初统一日本全国的德川政权禁止所有传教活动,对基督教教徒进行了彻底的镇压。犹太教、基督教的时间概念深入浸透到日本文化中在文化上是困难的,在政治上又是不可能的。

就这样,在日本古代神话中体现出来的无始无终的时间意识贯穿日本文化史,而且没有根本改变,一直持续到今天。

日本文化的三种时间

我们不能对作为无限直线的时间进行分割并将其结构化。所有事件都与神话中的诸神一样,是在时间直线上"相续"发生。① 各种事件的现在即"此刻"的相继出现也就是时间。并不是整个已经过去的事件决定眼前"此刻"的意义,另外整个将要发生的事件并不是"此刻"的目标。因为时间是无限的流逝因而难以捕捉,能够捕捉到的只有"此刻",所以各个"此刻"成为时间轴上的现实的中心。在那里,人们生活在"此刻"。

但是,"此刻"不是瞬间。那不是时间直线上的一点,根据状态的不同,有时让人感觉短暂,有时让人感觉长久的持续作为"此刻"而为人们所认知。

若如此长生,此时之苦痛,明日复思念,恰似昔日情。②

这首和歌中的"此时"与"此刻"是等价的,大概指几年吧。"松

---

① 《古事记》列举了陆续出现神的名字。先是天之御中主神,然后是高皇产灵神,接着是神产巢日神,之后是……"然后……接着……"这样的叙述方法在《日本书纪》中也没有大的区别。后面的神不一定是由前面的神生的,两者之间经常没有任何因果关系,只有时间上的先后关系,彼此独立出现。

② 《新古今和歌集》,第十八卷,杂歌下,清辅朝臣。

(待つ)としきかば今かへりこむ(诸君如待我，闻讯即时还)"①中的"今"(即时＝马上)比那要短。多长的时间持续算是"现在"，我们无法得出一般性定义，"现在"像橡皮筋一样伸缩。姑且让我们将现在定义如下：现在包括不久的过去和不久的将来，在那期间考察对象的大框架不会发生变化，因而是可以运用外推法(extrapolation)的范围。在一个时代，时而使人忧愁，时而让人眷恋。那种不发生变化的范围就是一个时代，是"现在"的时代。如果"现在"收缩的话，就会成为"今かへりこむ(闻讯即时还)"，最终成为俳句的一瞬。

无始无终的历史时间是具有方向性的直线。这条直线上的事件有先后关系，但不能将整条直线分节化。当时间是在圆周上循环的自然时间的时候，不仅可以明确区分事件的先后关系，而且还可以明确地分节。冬天来到，春天也不远了。在日本列岛的本州西部和九州——即古代文化的中心区域，四季分明，不难想象那种自然的循环变化决定了农耕社会的日常时间意识。日本文化的时间表象的第二种类型是无始无终的循环时间。循环的不是像希腊文化那样的天体位置，而是季节。时间的圆周被分节化为四季。农耕是建立在根据四季的循环来播种、除草、收割这样的劳动的基础之上。日本农业的自然条件与四季不分明、全年高温高湿的东南亚的条件不同。②

九世纪以后的平安朝的宫廷文化将生产者即农民对季节的敏锐感性，更准确地说是不得不敏锐的感性转移到完全非生产性的美学领域，并使之升华。《枕草子》以"春曙"、"夏夜"、"秋夕"、"冬晨"等开头。同样，《古今和歌集》最初六卷是四季之歌。另外还有五卷恋歌，春夏秋冬和恋歌合起来在二十卷中占了一半。抒情诗的主题集中在恋爱方面，这并不是平安时代日本特有的现象。但集中在四季则完全是例外，即使在中国也没有达到如此程度。那

---

① "此别将何往，前程稻叶山。诸君如待我，闻讯即时还。"《古今和歌集》，第八卷，离别歌，在原行平朝臣。"稻叶山"是因幡的稻羽山。行平曾任因幡守。

② 并不是只有日本才四季分明，比方说西欧也是如此。两个地域的农耕文化的差异不能还原为自然条件的差异。不过，在此不对是怎样的条件发挥了作用这个问题进行深入探讨。

种倾向在《万叶集》中就已经体现出来了,不过在《古今和歌集》中则体现得更加彻底。而且在平安时代以后,更加关注四季的变化,对于俳谐师来说,那几乎成为一种强迫观念,众所周知那发展为一种制度化的"季语"。不仅中国、印度没有"季语",恐怕欧洲也没有。

以四季为中心的循环时间概念是否超越平安朝洗练的美的领域,对更加抽象的一般性时间意识产生了影响,这一点难以断定。《平家物语》的开头("祇园精舍")除了"诸行无常"以外,还有"盛者必衰"这样的内容。当然那是佛教的表达方式。但是,在镰仓时代听了《平家物语》的人不论是否受到佛教的影响,都不难回想起"盛者必衰"的事例。可以肯定,当时人们不是因为佛教而领悟了这种程度的"道理",而是因为熟知"盛者必衰"的现实,所以才能理解佛教的表达方式。历史像春夏秋冬那样循环。而且《平家物语》接下来在正文之中引用了中国古代的一些事例。虽然不知道作者是何人,但或许作者对在前文中叙述过的中国的循环史观有所了解。

即使在《平家物语》之后,循环的时间这种观念在与谢芜村(1716—1783)的生动比喻中也体现出来了。"夫俳谐之达者实有流行实无流行,若人追随一圆廓奔跑,似先人却追后人。流行之先后该以何分耶?"①。在这里,在圆周上奔跑的人就是时间。

但是,"诸行无常"不是指历史时间的循环,而是指有始有终的人生。人生短暂,这是人类所处的条件,不会因为文化而异。因文化而异的是针对这一事实的应对方式。例如道教追求"延年益寿"、"长生不老"。在佛教和基督教中,既有人死后灵魂会走向"第二人生"的想法,也有通过与绝对者合一的体验来超越生死的神秘主义。② 在非宗教的立场上,既有人沉浸于人生如梦的哀叹,也有

---

① 《日本古典文学全集32 连歌俳谐集》(《牡丹凋零之卷 俳谐桃李序》),小学馆,1974年,561页。

② 超越生死也是超越时间和空间,比如日本文化中的禅。详见第三部第二章"逃脱和超越"。

人采取人生短暂、须及时行乐这种享乐主义的态度。① 这些都在古今内外的抒情诗中有所体现,日本也不例外。

人生是朝一定方向前进的直线,因而能分节化。所以可以分为青年、中年、老年。一旦过去的一个分节不能反复。即使追忆"失去的时光",它也不会再现。人生的时间是非可逆性的流逝,同样的事件不会出现两次,事件的相互关系往往比较密切,因此有可能是因果论的。也就是说,与无限的历史时间不同,人生所经历的有限的时间被结构化。例如"月非旧时月,春岂去年春。万物皆迁化,不变唯我身"(在原业平朝臣)。这是一首描写诗人探访恋人故居的诗。因为恋人不在,所以相同场所的月亮和春天都大不一样,虽然我身仍然是我身,但环境即世界改变了,而且这种变化是不可逆的。可以说,这是对经历过的时间的非可逆性和一次性的简洁且正确的表述。

因此,在日本文化中,三种不同类型的时间共存。即无始无终的直线=历史时间、无始无终的圆周上的循环=日常时间、有始有终的人生的普遍时间。而且这三种时间都强调生活在"现在"。

---

① 例子不胜枚举,感叹人生如梦如幻不是日本文化固有的现象,也不是佛教特有的想法。比如 Walter von der Vogelweide(1170 年左右—1228 年左右)的诗:
Ouwê war sint verschwunden alliu mîniu jâr!
Ist mir minîn leben getroumet oder ist ez wâr?
哦,我生活的岁月去了哪里!
我的生涯是梦境还是现实?
(*Gedichte. Mittelhochdeutscher Text und Übertragung*, Fischer Bücherei, 1962. P. 109)
诗的第二行与"浮生如梦"(李白《春夜宴从弟桃花园序》)有共同之处吧。人生短暂,青春易逝,当及时行乐,陶渊明、龙萨(Ronsard)也有这样的诗句。
盛年不重来,一日难再晨。及时当勉励,岁月不待人。
——陶渊明
此处的"勉励"是尽情享受人生、享受当下的意思。
Vivez, si m'en croyez, n'attendez à demain:
Cueillez des aujourd'hui les roses de la vie.
生活吧,如果相信我的话,就不要等到明天,
趁今朝采下那生命的玫瑰。
(*Ronsard, Poésies choisies II*, Classique Larousse. p. 53)

第二章 时间的各种表现

日语的特征

语句顺序

在与中文以及近代欧洲语言进行比较的时候,语句顺序是日语的特征之一。在日语中,动词(以及形容动词)原则上放在句末。例如,"私は日本人です(我是日本人)"、"私は米を食べる(我吃米饭)"等。如果将"わたし(我)"用 A,"日本人"或者"米"用 B,动词用 V 来替代的话,日语的顺序就成了 A—B—V,与表达同样意义的中文以及近代欧洲语言的 A—V—B 不同。当然,动词用于句末这种语顺并不是日语中独有的现象(例如朝鲜语中也存在这种现象)。甚至在近代欧洲语中,在特定的情况下是一种原则(例如在德语中,接在某种接续词以及关系代词后面的副文章)。

语顺的不同反映了说话人以及听话人思考顺序的不同。在这种单纯、短小的句子情况下,思考顺序的差异至少在表面上是体现不出来的。"我吃米饭"这个句子的逻辑是指"我具有吃米饭这样的性质"。如果将我(A)所具有的性质用 f(A) 来表示的话,在叙述 f(A) 的时候不论是说"吃米饭",还是说"米饭吃",在说话人以及听话人直观明了地将 f(A) 作为整体一时进行把握这一点上,大概不会有什么不同。在日常生活中，不会出现先考虑"米饭"还是先考虑"吃"这样的问题。

但如果句子变复杂变长的话，就会强烈意识到语顺和思考顺序的关系。按照日语的语顺，修饰语（或者句）放在被修饰语的前面，日语中没有像欧洲语言那样将修饰语（或者句）放到被修饰语之后的语法手段——名词的所有格、前置词、关系代名词等。下面让我们在单纯句"我吃米饭"，即"A—B—V"上分别加上修饰语（或者句）。修辞语（或者句）的内容可以用单纯的三个句子来表示。

"**我**生长在东京"，"**我**在米店买**米**"，"**我**几乎每天都**吃**米饭"。把这三个句子的内容分别作为 A—B—V 的修饰语增加到前面的"我吃米饭"中，就成了下面的复杂的句子。

"生长在东京的我几乎每天都吃着在米店买来的米饭"。

这个句子不仅包括"我吃米饭"等四个单纯命题的内容，而且还明确表现了四个命题之间的相互关系。最初的命题是句子的**整体**骨架，接下来的三个命题是最初的命题要素 A—B—V 的**细部**(Detail)。如果只将四个简单句排列在一起的话，这一定不明显。换言之，将单个的四个命题综合起来的最后的句子明确表示了整体和部分（或者细部）的关系，将对象结构化了。

但是，这样的综合是有限的，其限度与日语的顺序相关。"生长在东京的……"这样的句子是以修饰句即细部开始的——不如说不得不那样。在阅读的时候，读者不知道修饰句修饰什么，不知道"生长"的后面是出现鬼还是蛇。但在这里出现的既不是鬼也不是蛇，而是"我"，但如果不读到句末的"吃"，根本就无法知道我是笑还是哭。总而言之，修饰语在被修饰语的前面，不得不将动词置于句末。这样的语顺原则强迫读者在了解整体之前得先阅读细节部分。即使如此，"生长在东京……"这样的句子之所以容易被理解，首先是因为 A—B—V 的修饰成分都不长，其次是因为所说的都是日常生活中司空见惯的事情，理解那些事情并不需要特别费脑筋。修饰部分越长，另外话题越抽象，论述越严谨，对受到这种语顺制约的句子的理解就越困难，因为不以整体为前提来理解细节部分是很难的。

例如在将近代欧洲语言的理论文章翻译成日语时，如果将欧洲语言的长句分割为短小的日语句的话，虽然通俗易懂，但短小命题相互间的结构关系——那正是原文作者试图通过长句子来表达的内容——或多或少都会受到损害,这是翻译难点之一。因此,不分割原文,尽量尊重原文的语顺,只在不得已的情况下才改变语顺。如果这样来翻译的话,文章很是费解。这样的例子很多。①

在简短的句子中,语顺不是大问题。在复杂的长句子中,语顺有时候影响会比较大。长句子有时是几个短句子等价并列,有时则是通过在主句的要素之上增加修饰语句,特别是增加较长的从属句,来被结构化的整体。在前者,长文部分的相互关系薄弱,各部分拥有分别独立于整体的意义这种倾向十分明显。② 在后者,具

---

① 德语的句子与英法语相比,比较长。但我们在这里对于欧洲各国语言之间的关系不做深入的探讨。译者注:在翻译时,省略了作为德译日例的内田芳明所译韦伯的文章,以及作者对该译文的分析。

② 为了摆脱句子的骨骼、主要内容以强调部分,日本的歌人自古以来就较多使用枕词、双关以及缘语。枕词主要产生声音的效果,例如"雉鸡之山"以及"久方之空",并不会给句子添加新的内容。双关是利用同音异义词,例如"松"和"待"都读成"まつ","降"和"古"都读成"ふる",来使用两种意思。其微妙的趣味性与整篇短歌的意义内容基本上无关。缘语是像"白雪"和"思消"那样,是通过联想来进行的一种文字游戏。这样的技法即使在31音节的短诗型内部也可以在不改变主旋律形式的情况下发挥使色彩变丰富的装饰音的效果。

《百人一首》中有名的藤原实方(? —998)的和歌(《后拾遗和歌集》,"恋")说"燃烧的思绪"无法向对方表达,对方不知道那些事情。也就是说:"伊吹艾草茂无垠,犹若相思泪满襟"(かくとだにえやは言ふさしもしらじなもゆるおもひを)是主旋律。那之间插入的双关语"说"(言ふ)和"伊吹"山、"艾草"和"犹"是装饰音,在主旋律的表现上不添加任何内容。

但是,声音的流淌因此变得圆润,同时也唤起与"燃烧的思绪"没有任何关系的伊吹山的"形象"。从高处向东望去,伊吹的远处是浓尾平野。对于十世纪的贵族=歌人来说,伊吹山大概是另一个世界的境地。山顶下雪比其他任何地方都要早,雪要到夏天才融化。将人们引向日常生活的彼方,让人们忘却时间的"燃烧的思绪"与通往另一个世界的道标即季节指标的"伊吹"的"形象"大概在远处呼应吧。作为短诗型内部的修辞法,这恐怕是最为洗练的一个事例。

由短句并列构成的长文在叙述与时间的流逝相继发生的事情时,有时会产生很出色的效果,那与由短句组合构成的结构性构造有所不同。其典型的例子是德川时代的净琉璃中出现的感人的"行路"。例如,以"留恋人间,留恋今宵"开头的著名的《曾根崎情死》行路的开头。"随着脚步逐渐消失的霜柱"、"让人醒悟"的钟声、映照在水面的天河与七夕两星的誓言——那种"形象"一个接一个地被列出来,最终归结为"你我乃夫妇之星,必能遂愿,两人心中落泪"。这里所列的"形象"与两人在路上所经历的事情——脚下的霜柱、钟声、空气——的相继发生相对应,在他们生命的最后时刻的时间流逝之中,那些完全是等价的。行路的修辞法与三弦拨子发出的清脆声响相得益彰,不仅美丽、富于抒情性,而且明确地表现出了作为等价的"现在"的连锁时间概念。

有关系代词的欧洲语言与不具有关系代词的日语的语顺不同。在欧洲语言中,读者的注意由整体转向细节部分;而在日语中,则由细节部分转向整体。也就是说,在日语中,从属句的叙述细部脱离了句子整体以主张其自身。

如果将细节部分与整体的关系投影到时间轴上的话,可以将细部理解为时间流逝的整体中的各个"现在"。强调脱离句子整体的细部(从句)也就是强调与前后的时间相脱离的"现在"。现在的事情的意义是自我完结的,在理解它的时候不一定要参照过去与未来的事情。

时 态

古汉语的动词没有时态。所涉及的事情在时间上的先后关系要不由副词来体现,要不根据前后文来理解。① 而近代欧洲语言则通过动词的词尾变化以及助动词和动词并用来明确地表示事情的过去、现在和未来。② 关于日语的时态,还没有定论。在日语中,在

---

① 陆游《关山月》(1177年春作于成都)的开头两行是:"和戎诏下十五年,将军不战空临边。""和戎"即南宋皇帝宣布与南下之金国讲和的诏书已经发布15年了,在那期间南宋的将军不曾与金国发生过战斗。从"十五年"可知"诏下"是过去发生的事情,而并不是因为"诏下"之后有表示过去的词尾变化以及助动词。"不战"、"临边"是指从15年前到创作该诗时的持续状态。从前后关系来看,那一目了然。但是,如果将前后关系(文脉)排除,只看这里的这两句的话,则完全不知道"将军不战空临边"是发生在过去,还是现在,或者将来。

在"文化大革命"的时候,在中国的大街小巷可以看到"农业学大寨"这样的标语。标语没有前后文,而且文体往往带有文言色彩。大寨虽然自然条件恶劣,但在农业生产方面取得了成功。这句标语由两个名词,即"农业"和"大寨"以及动词"学"构成。在这样的情况下,无法准确知道动词所表示的行动(或者事情)是在过去还是现在、将来发生。既没有时态,也没有语态,按照日语来说的话,是"该学",还是"已经学了",还在"现在在学"、"希望今后能学"都无法得知。确切知道的只是两个概念,即"农业"和"大寨"之间有关系R,R由在时间线上前后无关的一个字"学"来定义。

② 欧洲语的时态不仅明确区分过去、现在、未来,而且明确表示过去(或者未来)的两种事情的前后关系。也就是说,在语法上存在过去和大过去的区别是许多欧洲语言的共通特点。而日语语法中没有那样的区别。

进而言之,在法语中,将过去持续发生的事情与凝集在时间线上一点的事情区分开来,将前者用半过去(imparfait),将后者用单纯过去(passé simple)来表示。拉辛的《费德尔》第一幕第三场有这样的内容:在恋爱的女主人公眼睛看不见,(接下页)

动词之后接续不同的助动词，意义也会有所不同。例如表示断定或推量、事情的进行或完了等。问题在于是否具有将动词的现在改变为过去或者未来的助动词体系。至少日语中没有像欧洲语言那样的明确体系（即时态）。

在现代日语中，"雨が降る"（下雨）不一定意味着现在的，"雨が降るだろう"（大概会下雨）不一定意味着未来的事情。如果所谓降雨概率为100%的话，"雨が降る"也能用于未来的情况，表示"明日は必ず雨が降る"（明天一定会下雨）的意思。另外，"だろう"（大概……）既可以用于现在的事情，也可以用于未来的事情。例如："雨が降（ってい）る"（在下雨）、"城ヶ島でも降（ってい）る"（城之岛大概也在下雨）。因为说话人不在城之岛，因此并不能确定城之岛的天气情况。关于前一天的天气情况，也是一样。比如"此処では雨が降った"（这里下了雨）、"城ヶ島でも降っただろう"（城之岛大概也下了雨吧）。"だろう"并不是表示未来的助动词，而是用来陈述对于说话人来说不确定事情的推量助动词。

"だろう"也就是"である＋う"，而助动词"う"未必只表示推量。另外，像"行こう"（走吧）、"出かけよう"（外出吧）那样，还表示劝诱。推量可以表示过去、现在、未来各种时间的事情，但在劝诱对方做某种事情的情况下，那种行为并没有开始。行为将在未来发生，但劝诱的行为发生在现在。"う"是表示劝诱的，而不是表示未来的助动词。与"行こう"、"出かけよう"、"そろそろ出かけましょう"（差不多该出去了吧）等与之对应的现代欧洲语多使用动词的现在时，也说明了这一点。①

（接上页）也说不出话来。Mes yeux ne *voyaient puls*，*je ne pouvais parler*；是半过去。在那之前，她姐姐（妹妹）阿里阿德内被特瑟斯遗弃，死在海边。Ariane, ma soeur, de quell amour blesses /Vous *mourûtes* aux bords où vous *fûtes* laissée! 是单纯过去。英语中没有这两种过去的区别。意大利语与法语、德语与英语情况类似。法语中半过去与单纯过去用法的不同并非只能还原为事情的持续性。

① 现代日语中有"一齐外出吧"这种说法，这种说法在狂言对白（十四、十五世纪前后）中就已经出现过。那在欧洲语言中分别为：On s'en va（法）、Amdiamo.（意）、Gehen wir jetzt?（德）。动词使用的都是直接法的现在。在英语中，也可以使用未来时(Shall we go now?)。"外出"是不久将发生的事情，而"邀请"则是现在的行为。根据关注哪一个侧面，动词既可以用现在时，也可以用未来时。或者还可以认为：这种情况下的未来离现在很近，可以将现在延长到那里。在上述德语句子中，（接下页）

在日语中，没有表示未来的，只有与未来的事情相关的助动词。那么关于过去又如何呢？有一种学说认为"昨日は雨が降った"（昨天下了雨）中的"た"（了）表示"单纯的过去"，"本を書いたら、送りましょう"（书写完的话，就送你）中的"た"表示"动作的完了"。①但是，也有一种说法认为"雨が降った"中的"た"相当于古语中的"き、けり"，而"き、けり"不是表示过去的助动词，而是表示回想的助动词。②回想是唤起记忆，而记忆的则是过去发生的事情。如果认为"た"不是表示记忆内容的过去，而是表示说话人唤起记忆时的心理现状的话，那就可以避免日语中没有表示未来的助动词，只有表示过去的助动词这种非相称性（asymmetry）和不安定性。日语中既没有表示未来的助动词，也没有表示过去的助动词。日语语法所反映的不是给世界的时间构造，以及在被分割为过去、现在、未来的时间轴上所有事情定位的世界秩序，而是说话人对事情的反应、命题的确定程度（断定以及推量）、记忆的唤起、采取某种行为的意志、对对方的劝诱等。

　　现代日语的一个明显特征是，至少它与欧洲语言相比，在语法上并不是将时间上的前后关系用时间来结构化，而是存在一种倾向，即重视表现说话人对于在时间上相续发生的事情的反应。记忆将过去的事情，预测将未来的事情引向说话人现在的心理状态。世界的过去流向说话人的现在，世界的未来从说话人的现在流淌出来。如果不是那样的话，无关的过去不会消失，谁也不会去关注无法预料的未来。这种语言及其语法似乎可以把人们引向一种现在中心主义。然而，那是从什么时候开始的呢？

　　语言的基本语法构造不会轻易改变。现代日语的时态特征可以追溯到古代日语。《岩波古语词典》在"基本助动词解说"部分（1427—1441页）列举了表示推量、完了、记忆、当然等意思的助动

（接上页）有现在（jetzt）这个词，动词也使用了现在时；在英文中也有现在（now）这个词，动词用的则是将来时。"不久的将来"是离现在很近的将来，在那个时候发生的事情既可以用现在时，也可以用将来时进行叙述。总而言之，在同样状态下试图传达同样"信息"时的日语助动词"う"并不表示明确的未来。

① 新村出编《广辞苑》岩波书店，第三版，1983年。
② 大野晋、佐竹昭广、前田金五郎编《岩波古语辞典》，岩波书店，1974年。

词。例如关于过去的事情（动作）的推量助动词有"けむ"，那大概相当于现代语中的"だろう"（……吧）中的"う"。关于现在事情的推量，有"らし"，即相当于现代日语中的"らしい"（似乎）。表示未来的第三人称的动作的推量，有"む"，那相当于现代日语中的"だろう"。表示确定的过去动作的，有完了助动词"つ""ぬ""り""たり"，表示未来应该出现的事情，有"べし"等，这些在《万叶集》中都有用例。而且，无论哪个词都不是直接明确表示过去、现在、未来中的某一个。

不过，在是否有表示过去的助动词这一点上，语法学家之间存在意见分歧。一般认为"き""けり"是表示过去的助动词。但是，《岩波古语辞典》没有采取那种观点，认为那不是表示"过去"，而是表示"回想"的助动词，并说明了以下理由：[1]

> 不将"き""けり"视为表示"过去"，而将之视为表示"回想"的助动词，那是因为其中包含了比较文化论、心理学的观点。现代欧洲人和古代日本人之间在把握时间的方式上存在较大的差异。欧洲人认为时间是客观存在，是延长的连续，是可以分割的东西，并将之作为区分过去、现在、未来的基础。但是，对于古代日本人来说，时间不是能客观延长的连续。倒不如说，那是非常主观的东西。未来是说话人漠然的预测、推测，而过去是说话人记忆的有无，或者对记忆的唤起。因此，我们不认为"き""けり"表示过去，而认为它们表示回想。
>
> ——《岩波古语辞典》，1439—1440 页

这种独特的观点中也存在一些问题。首先，该辞典将**古代**日本人与**现代**欧洲人"把握时间的方式"进行了对比，如果将古代日本人与古代欧洲人进行比较又会怎样呢？另一个问题是，该辞典对"把握时间的方式"的一般客观时间和主观时间（大概与柏格森

---

[1] 译者注：著者在此举出了两个《万叶集》中的例子，但因为著者要表达的日语时态的问题在中译文中很难体现出来，所以将例子省略。

的"能够生存的时间"接近)进行了对照分析,但那两种时间难道不能在同一时代同一文化中共存吗?这两个问题一般与对于文化的时间的态度相关。最后的问题是,被给予的同一文化的时间概念和语法上的时态有什么关系呢?的确,大概是一方反映另一方。但是,我们很难更加详细地确定它们的关系,更不用说指出哪个是原因,哪个是结果了。

目前我们可以得出什么结论呢?第一,与欧洲语言相比,现代日语所具有的特征——特别是时态的特征,至少从《万叶集》的时代持续到现在,另外恐怕即使在欧洲语言中,就时态的发达程度而言(例如拉丁语的时态,不过古代拉丁语的语顺与现代欧洲语的语顺有明显差异)——是从古代语开始持续发展到现在;第二,日语的这种特征强调日本文化中的某种倾向,即比起客观时间,更注重主观时间,或者说不严格区分过去、现在、未来,而将过去与未来集中到现在的倾向。

日语文学

物语的文体

日语的语法并不严格地区分过去、现在、未来,因而能够在叙述的段落中自由地混用动词(＋助动词)的现在时及过去时(有时还会使用将来时),而不会给读者带来不协调的感觉。用日语撰写文学物语(narrative)的作者积极巧妙地利用语言的那种性质,创造出了独特的文体。《源氏物语》便是典型的一个例子。

且说某朝后宫妃嫔众多,内有一更衣出身寒微,却蒙皇上万般恩宠。另几个出身高贵的妃子刚入宫时,便很是自命不凡,以为定然能蒙皇上加恩。如今,眼见这出身低微的更衣反倒受了恩宠,便十分嫉妒,处处对她加以诽谤。与这更衣地位同等的、或者出身比她更低微的更衣,自知无力争宠,无奈中更是万般怨恨。①

许多物语都与过去有关。在这里,"いづれの御時にか"(某朝)首先表示那是发生在过去的事情——准确地说是不能确定的过去。后续的动词(＋助动词)"さぶらひ給ひける"(妃嫔众多)、"ありけり"(有)用的是过去时,"そねみ給ふ"(十分嫉妒)用的是现在时。在讲述人的意识中,过去时强调与对象的距离。"后宫妃嫔众多,内有一更衣出身寒微,却蒙皇上万般恩宠",这些都是过去的客观状况。在那里发生了什么呢? 有嫉妒诽谤。用现在时对那些进行叙述,是因为那些是叙述人强烈关注的对象。通过使用现在时的动词,叙述人的意识与对象接近了。对于读者来说,闭塞的小集团内部女人们的嫉妒这种复杂的戏剧性场面的身临其境的感觉一下子就体现出来了。这种身临其境的感觉通过在"十分嫉妒"这一缓缓结束的句子后面接以"万般怨恨"这一简洁、强烈的词语来结束句子,即通过修饰法的缓急,营造出一种紧张的气氛。

但是,在叙述过去发生的事情时插入现在时的句子以营造身临其境的感觉的技法,《平家物语》远比《源氏物语》要用得好。例如那须与一在海岸上射落从在波浪中摇荡的小船中伸出的扇子的有名场面:

> 睁眼一看,目势稍减,扇子比较好射了。于是取过响箭,搭在弦上,拉开弓,嗖地射了出去。虽说身材较矮,但箭是十二把三指长,弓是硕弓,箭头是掠海飞鸣的镝镞;他准确地瞄着寸把长的扇轴射去,咔嚓一声射断成两截,扇子飘在空中,箭镞落在海里。只见它闪闪烁烁地在空中飞舞,被春风吹得翻过来转过去,霎时间就飘落在海面上了。②

---

① "桐壶"的开头。《日本古典文学大系 14 源氏物语(一)》,岩波书店,1958年,27页。

② 《平家物语》卷 11,那须与一;《日本古典文学大系 33 平家物语(下)》,岩波书店,1960年,318—319页。

在这里，只有描写射箭的主人公动作的动词使用了现在时。"于是取过响箭，搭在弦上，拉开弓，嗖地射了出去"在描写那前后的状况，例如向神佛祈祷、风平浪静的场面、将扇子射落之后的情景等时，都使用了助动词"けり"，也就是说，是作为过去的事情来描写的。与那不同的是，在描写从集中精神（祈祷）和迅速判断状况（风平浪静）转移到采取决定性行动时所使用的现在时特别显眼，将那一瞬间的情景出色地突出表现出来了。当读到那一段的时候，读者想必会听到利箭离弦的声音。拟声词"ひやうど（嗖的）"的感觉效果与动词"はなつ"（放）的现在时的使用相得益彰，创造了"讴歌武器和人"的《平家物语》的文体魄力。

《源氏物语》和《平家物语》相隔两百多年。前者描绘了以宫廷为舞台的"思物"和被仪式化的男女关系的世界，后者则描绘了往往以战场为舞台进行决断和采取敏捷行动的世界。阅读《源氏物语》抄本的是平安朝的贵族和仕女们，而听琵琶法师讲述《平曲》的则是宫廷以及统治阶层以外的各种各样的人。同样是回想往事的物语，在投入直接法现在的描写手法这一点上，《平家物语》所发挥的威力远远超过《源氏物语》。

这种在文体上所下的功夫也被德川时代的小说所继承。例如怪谈名家上田秋成的《雨月物语》中有题为"吉备津之釜"的短篇小说。这篇小说讲述的是不顾占卜的凶兆而结婚的男子被死后成鬼的妻子所杀的故事。男子待在贴着护符的家里，鬼无法侵入其中。但在男子因为想看一看外面的情况而打开窗户的那一瞬间，遭到了鬼的袭击。小说没有描写那一瞬间，而是用现在时生动地描写了前来打探男子安危的第三者所见到的"凄惨、恐怖"的光景。

> 彦六觉得奇怪，又感到害怕，挑灯环视四处，发现开着的门旁墙壁上鲜血淋漓，滴到地上，却不见尸骨。借着月光仔细再看门外，屋檐下好像吊着一个东西，举灯一照，原来那里挂着一副男人的发髻，此外别无遗物。彦六此时的恐怖神情，难

以尽情描绘。①

天亮之后，彦六到山野上去寻找，但没有找到。他将那些情况告知男子的家人及其亡妻的娘家。故事结尾时说阴阳师占卜占得准。读者不是处于死者死去的那个时刻，而是被带到了目睹这一现场的第三者所处的那个时刻。

即使是难以将自己移入主人公的读者也不难将感情移入第三者即悲剧的目击者＝证人。因而第三者作为读者代表强化了读者身临其境的感觉。这种手法很古老，并不是上田秋成的独创。在能乐舞台上见证主人公的悲剧的"旅僧"也代表观众来支撑观众的临场感。我们还可以追溯到遥远的希腊悲剧"合唱"。上田秋成作为小说家最高超的技巧在于故事的高潮（climax）用现在时来描写通过第三者的眼睛所看到的情景。那样做，有一个前提条件，那就是日语的语法不要求有严格的时态。如果将《雨月物语》的原文与有严密时态的语言（例如法语）的译文进行比较，那种前提条件大概会更加清晰。因为整个故事是发生在过去的事情，所以不能将原文的现在时原原本本地翻译成现在时。②

明治以后，在近代日本，文学性散文从所谓文言体变为口语体。但是，语法时态的特征基本上没有改变，作家巧妙地运用那种特征的传统也没有改变。让我们来看一看对用口语体创造出文学

---

① 《日本古典文学大系 56 上田秋成集》，岩波书店，1959 年，96—97 页。

② "彦六觉得奇怪，又感到害怕，挑灯环视四处……"如果将原文开头的一句，即"觉得奇怪，又感到害怕"理解为描写人物心理状态的形容词的话，那么这句话里面所包含的两个动词"挑"和"环视"使用的是现代时。在法语中，这两个动词必须使用过去时（单纯过去）。译者注：法译文省略。

另外，不仅原文的现在时在译文中变成了过去时，而且考虑到过去发生的事情的先后关系，根据需要使用了"大过去"。"吉备津之釜"在末尾对主人公死后的状况进行概括，说目击者将他的死讯告知其父母，其父母转告其妻（鬼）之娘家，因此认为不宜结婚的阴阳师的占卜是准的。过去的事情的前后关系首先是占卜，其次是事件，最后是告知事件的结果，日语句子便使用了"ぬ"和"けり"表示过去。"ぬ"和"けり"表示动作的完了，但与动作以及事情的先后关系无关。

在法语中，必须区分"单纯过去"和"大过去"。"大过去"在英语和德语中也用到。用法原则上相同，但实际上有微妙的差异。不过那不是此处要讨论的话题。在这里只要注意到在欧洲主要语言中明显存在语法上将逝去的时间分节化的明显倾向就行了。

性文体做出贡献的明治时代两位代表性作家森鸥外和夏目漱石的例子吧。首先来看一看森鸥外的《寒山拾得》：

  道翘一边说："这地方可真脏"，一边把问带进厨房。
  这里弥漫着热气，刚进来时什么也看不清楚，在灰色的厨房里有三个大炉灶，每个炉灶中剩下的柴火都烧得正旺。过了一阵子，才见许人和尚围在固定在墙上的饭桌边，正把饭菜还有汤从锅里往自己碗里盛。①

  这里有四个句子，文末的动词（或者助动词）分别使用了过去（或者完了）、现在、现在、过去（或者完了）的时态。如前所述，在描写过去（或者完了）的状况时，在语句中插入现在时的语句，能给读者带来身临其境的感觉。但这并不是全部。在日语的语句中，动词或者助动词位于句末。如果将这一段文章中的现在时排除，把四个句子都变成过去时的话，那么不得不在句末使用助动词，而助动词的种类远远少于动词，所以无法避免在句末出现单调的重复。"連れ込んだ"（带进）、"できぬくらいであった"（看不清楚）、"燃えていた"（烧得正旺）、"見てきた"（才见）这样的"た"（了）的反复出现太单调了。特别是在口语体中，因为助动词比文言体要少，所以更加难以避免句末重复的弊端。第二、第三句使用现在时，在文末使用动词的终止形，以打破单调几乎是解决问题的唯一办法。值得庆幸的是日语语法允许那样做。可以说，森鸥外也没有放过那种可能性。
  下面引用的夏目漱石的《梦十夜》的情形也是一样的。

  做了这样一个梦。
  退出师傅房间沿着走廊折回自己房间时，只见房里正点着昏黄的座灯。单膝跪在坐垫上，拔去灯芯时，花形的丁香油扑通掉落在朱漆的灯台上。同时房间也顿时明亮起来了。纸门上的画出自芜村之笔。墨色的柳枝浓淡分明，远近分布在

---

① "寒山拾得"，《山椒大夫、高赖舟其他四篇》，岩波文库，1967 年。

画中,打着哆嗦的渔夫斜戴着斗笠,走在河堤上。壁龛上挂着文殊菩萨的挂轴。香已燃尽,但房间角落仍飘荡着香味。这是个偌大的寺庙,附近一带万籁俱寂,冷森森地毫无人迹。圆形座灯的影子映照在黑漆漆的天花板上,仰头一望,总觉得影子活像是有生命似的。①

"做了这样一个梦"是讲述人醒来时说的事情。那时与梦时间相异。那与邯郸之梦的内与外在时间上相异是一回事。在一段时间内做的梦是过去的事情,另一方面对梦中内容的叙述一开始使用的是现在时"点つている"(正点着),那并不奇怪。但是,对梦中内容的叙述并不是一直使用现在时,接下来一下子使用了过去时"落ちた"(掉落)、"明るくなった"(明亮起来了),接着又一下子回到现在时"筆である"(之笔),最后以过去时"見えた"(觉得)结束。这只是《梦十夜》中第二夜的开头一段,故事当然还在继续。但是从这一节大概就足以了解《梦十夜》的文体特征了。也就是说,通过短句的连用、现在时与过去时的频繁交替,创造出一种"节奏感"。看上去哪个句子用现在时,哪个句子用过去时似乎与句子的内容没有关系——因此与强调临场感没有关系——是以追求文末的变化、"节奏感"为基准来决定的。这完全是出于形式上的考虑,在连续使用短句的时候,相同的助动词在句末反复出现这种单调的情况会非常碍眼。会不会是夏目漱石将计就计,创造了一种只有通过运用现在时与过去时的交替、短句的连用才能体现出来的"节奏感"呢?

但是,果真只是因为那种缘故吗?从讲述人所处的现在来回顾梦中的内容是对记忆的唤起,是对过去的现象(或者事情、状态)的漠然回想。然而过去的现象可以分为两种。第一种是或多或少持续的现象,例如从和尚的房间回到自己的房间时,灯是点着的——灯不是在回到房间的那瞬间才点的,而是从前一段时间就亮着的持续现象。更不用说隔扇上的画出自与谢芜村的手笔,那恐怕是最后一次更换隔扇时留下来的,那种状态或许几十年都没

---

① 《日本文学全集13 夏目漱石集(一)》,筑摩书房,1970年,400页。

有改变。第二种是在过去特定时点发生的事情,例如丁香油扑通掉落在涂着朱漆的灯台上那种瞬间的、非持续的事件。同时,房间一下子变亮那种感觉也不是持续性的,而是瞬间的体验。天花板上的圆形灯影,并非持续看到的画面,而是在主人公仰望时才会看到。在叙述这两种过去的现象的时候,在法语语法中,针对第一种现象使用动词的"半过去 imparfait"时,针对第二种现象使用"单纯过去 passésimple"时①。将过去如此分类以及与那种分类相对应的动词(以及动词＋助动词)的两种不同形式在日语语法中是不存在的,英语中也没有。但是,在夏目漱石回想过去的梦境的这一段文章中,描写持续现象时使用的是动词(＋助动词)的现在时,在描写发生在特定时点的瞬间事情时使用的是过去时。至少就这一段而言,漱石的句子的现在时与法语的半过去时、过去时与单纯过去时相对应,而没有例外。法国人用半过去时的地方漱石用现在时,写成"点ついる(正点着)";法国人用单纯过去时的地方,漱石转为使用过去时,写成"扑通掉落在了朱漆的灯台上"。这究竟意味着什么呢? 首先,那意味着他在判断一个句子是使用现在时还是过去时的时候,其标准不只是单纯的形式上的"节奏",而是具有意义论的侧面。第二,意味着该意义论的选择标准与法国人判断是使用半过去时、还是单纯过去时的标准有些相似。因此,在此产生了漱石为什么会强烈意识到日本文化传统中所没有的对过去现象的二分法,这样一个问题。漱石精通英语和英国文化,但英语语法中并没有这种二分法。古汉语中缺乏严格区分过去、现在、未来的语法手段,更不用说根据与时间的关系将过去的现象分类、结构化了。但是难以想像漱石直接受到法语的影响。目前,我只能保留对这个问题的解答。

我们目前的课题是确认以下问题,即如果假定日本文化的特征是不严格区分过去、现在、未来的话,那么该特征在日语时态中也有所体现,日语的时态特征在从《源氏物语》到森鸥外、夏目漱石的日本文学的文体中也反映出来了。

---

① 法语语法中的"半过去"和"单纯过去"的用法差异实际上更加复杂,在此只不过对基本原则进行了说明。

当然,时间概念与文学的关系几乎体现在文学的所有方面。文体与日语本身直接相关,那只不过是该表达方式特别突出的一个侧面。反映时间概念的另一个典型侧面是诗歌,特别是抒情诗的形式。

抒情诗的形式

日语抒情诗的形式特征是极短的诗歌形式,使用了几个世纪。那首先是短歌(31音节)以及相隔很久之后出现的俳句(17音节)。恐怕只有日本才有这么短的诗歌形式、这么长久地被人喜爱——现在依然如此——的文化。

中国自古以来就有五言绝句,那是由20音节构成的四行诗。音节数比短歌的31音节还要少。但因为汉字原则上是一音节一字,所以不能说字数少于由几个音节构成一个词的短歌(如果除去格助词,短歌的字数会更少。汉语中没有格助词)。不过,两者的差异不大,五言绝句与短歌一样,都是拥有千百年历史的短诗。决定性差异在于中国不仅有五言绝句,还有七言绝句,以及由八句五言或者七言(或者更多)构成的律诗,并非只有20音节的五言绝句才是主要诗歌形式。短歌从平安时代起就得到了宫廷的公认、推动,是制度化了的唯一的诗歌形式。之后那也一直是日语抒情表达的主要形式。

从历史上来看,八世纪中叶编纂的《万叶集》的主要诗歌形式除了短歌以外,还有长歌和旋头歌。典型的长歌的音节结构是五、七行反复出现,以五、七、七结束。整篇诗的行数不定。旋头歌则是五、七、七的两行。然而,在十世纪初的勅撰集《古今和歌集》一千多首和歌中,仅仅收录了五首长歌、四首旋头歌。并非只有短歌才是自古以来占支配地位的形式,是《古今和歌集》舍弃更长的诗歌形式,集中收录了短歌。那样的先例之后也长期被人们延续,创作短歌的习惯也渗透到了宫廷社会的外部。

从《万叶集》到《古今和歌集》的变化并非只是集中到更短的诗歌形式。表记法也发生了改变(从"真名"到"假名")——母音体系的变化乃其背景之一——修辞法也在改变,《古今和歌集》使用了大量双关语,还对"思物"的"物"进行了强调等,作者的社会、地理背景也发生了变化(排除宫廷社会外部的作者)。在此不对这个问题进行深入探讨①,只要注意到以下的几个问题就足够了,那就是:在相隔大约150年编纂的这两部诗集之间,题材的范围有很大的不同。因此根据题材的种类对作品进行的分类也形成鲜明对照。在《古今和歌集》中形成了根据"四季"对抒情诗进行分类的独特习惯(关于那种习惯或者可以说是强迫观念,将在后文中进行论述)。《万叶集》歌咏恋("相闻")与死("挽歌"),其他("杂歌")还涉及祝贺、仪式、旅行、兵事等,少数诗歌还涉及贫困、沉重的赋税以及饮酒。众所周知,同时代中国诗歌的压倒性主题与包括兵事在内的政治社会相关,另外与饮酒也有不解之缘。很显然,那对《万叶集》产生了影响。然而,《古今和歌集》针对大陆的"诗"主张和歌(大和之歌)②,因此将政治与饮酒从诗歌中排除出来,这也并不奇怪。那正是"大和之歌"的消极自我主张。那么,其积极主张又是什么呢?《古今和歌集》分别收集了春、夏、秋、冬各个季节的和歌,与恋歌一样是按主题分类的主要范畴。纪淑望的《古今和歌集序》(所谓"真名序")引用了《诗经》的"大序",纪贯之的"假名序"也用和文沿袭了之前的做法,但《诗经》并没有按春、夏、秋、冬来对诗歌进行分类。不仅《诗经》,即使那之后中国以及欧洲都很少以四季为基准对诗歌进行分类。然而,在日本,《古今和歌集》二十卷一千多首和歌的大约三分之一是恋歌,三分之一是四季之歌,那以后不少和歌集都以之为准。

---

① 关于《万叶集》与《新古今和歌集》的比较对照的详细论述,请参照拙著《日本文学史序说》(1975年,1980年)。《加藤周一著作集4 日本文学史序说(上)》,平凡社,1979年,160—172页。

② "和歌是在《古今》时代出现的,《万叶》时代的'和歌'是'和唱之歌',而不是'大和之歌'的意思。单纯的歌为什么在《古今》时代成了'和唱之歌'呢?那是因为歌在贵族文坛与汉诗相抗衡的缘故。"西乡信纲:《日本古代文学史》,岩波书店,1996年,128页。

恋歌作为抒情诗的主题受到重视,这是众多文化所共通的倾向。[1] 而关注四季变化的和歌与恋歌同样受到重视则是日本文化的一个显著倾向。四季是循环反复的,发生在那里的事象不是一次性的。"逝去的春天"还会来,"太短暂的夏日"也会再来。四季的时间不是直线前进,而是做圆周运动,而圆周是无始无终的。在圆周上的一点,即现在的时点,人们怀念将要逝去的季节,期待快要到来的季节。例如:

　　花不永留枝,欲止女者不驻足,花梦女且梦,每见落花翩翩逝,心欲伴之是何情。

　　(凡河内躬恒,《古今和歌集》,卷二,春歌下,132)

这是一首叹息春去花落的和歌。但是,这种惜别与其说是悲剧性的,倒不如说那近乎还会重逢的恋人清晨"甜美的悲痛",因为春天还会再来,鲜花还会开放。多年之后,故乡的鲜花依然会散发昔日的芬芳。成为悲剧的是"心变固难知"[2],是时间直线上的一次性,而不是季节的变迁。

另一方面,初春对于贵族来说是期待鲜花绽放的季节,而对于

---

[1] 例如在古希腊、罗马也是如此。另外,迦梨陀娑的《季节之变迁》与其说是四季歌,不如说是恋歌。欧玛尔·海亚姆的《鲁拜集》也主要是对酒和女性颂歌。且不谈酒,日本的短歌以恋歌为中心完全不是例外。毋宁说中国的情况是例外。当然,中国并非没有以男女爱情为主题的诗歌,但是六朝以及唐宋大诗人的作品中恋爱诗甚少。的确,陶渊明创作过官能的恋爱诗,但那在陶渊明的作品中也属例外。平安朝以来在日本人中脍炙人口的白居易的《长恨歌》在整个中国诗歌中大概也属例外。李白、杜甫的主题主要是政治、战争、旅行、自然、酒、友情(男性之间的),即使有时涉及到妻子以及妓女,但与恋人相关的极少。这种情况在苏轼以及陆游那里也没有改变。

日本人不仅创作短歌,后来(特别是在德川时代)还创作了俳句、汉诗。不用说,汉诗是以中国古典为典范,不少汉诗类似于没有政治内容的中国诗。十五世纪的一休宗纯和十八世纪的市河宽斋这两名诗僧创作了通过汉诗形式赞美爱情的作品,不过他们是例外中的例外。

恋爱题材的俳句也比较少。因为一般来说受汉诗的影响比较少,所以不能从与大陆文学的关系中来寻求和歌中恋爱题材的作品多,而俳句中恋爱题材作品少的原因。关于这个问题在后文中还将进行论述。

[2] 纪贯之,《古今和歌集》,卷一,春歌上,42。

农民来说则是期待播种的季节。

夏秋湿袖水,秋日已成冰。今日春风起,消融自可能。
(纪贯之,《古今和歌集》,卷一,春歌上,2)

《古今和歌集》没有反映出农民的声音。他们大概不会穿着长袖和服去挑水吧。这不是插秧题材的诗歌,而是贵族个人与生产无关的季节感的表现。他们敏锐地感受到了梅花的清香、黄莺的鸣叫、春光的明媚。至少读者从这首和歌中不知道作者在不久的将来会如何欣赏梅花的芳香(说来,梅花是中国诗人喜爱的题材,纪贯之当然也知道这一点)。但是,与将来的梅香这种事实本身相比,恐怕他更愿意享受那种预感或者期待,即**此刻**他们自身的心理状态。许多《古今和歌集》的诗人岂止对梅香,甚至比起恋人,他们更喜欢将思念恋人的心理状态,即他们的所谓"思物"作为和歌的素材。与恋人"相聚"是将来的事情,而"思物"则是现在的事情。

平安朝宫廷及其周边贵族社会将短歌制度化了。原本作为抒情诗而产生的短歌一方面成为社交时交流想法的形式,另一方面也成为游戏的手段。由此出现了编纂勅撰集的传统以及赛诗会的时尚,进而发展为连歌。个人越是热衷于自己的作品被收录至勅撰集,看重在赛诗会上的胜负,勅撰集的编纂者以及赛歌会的评判者就越需要找出对和歌进行评价的有说服力的理由。① 那种需要在平安时代末期促进了以《古今和歌集》的编纂者藤原俊成以及藤原定家为代表的"歌论"的发展。因为汉语与日语的差异很大,所以即使将中国的诗论原本不动地移植到歌论也几乎没什么用,歌论不得不在《万叶集》以来和歌的历史变迁的基础上来建构。在平安朝瓦解的时代,在贵族阶级中变敏锐的历史意识就这样首先在

---

① 鸭长明在《无名抄》中,讲述了一名男子为了让自己的作品能被勅撰集收录而到神社去祈祷的故事。神在梦中出现,听到了他的愿望:若被收录,死而无憾。然而,男子的愿望实现以后,他却怕起死来,于是再次到神社去求神。

另外,《无名抄》中还提到了被女官叫住对诗时的注意事项:简而言之,不妨含糊其辞,三十六计走为上计。从这一点也可以察觉当时常常会遇到那种令人困窘的事情。

歌论中体现出来了。①

连歌的"现在＝此处"

　　短歌的上句(五、七、五)由一个人写,接下来的下句(七、七)由另一个人写,这样的例子在《万叶集》中可以看到,虽然数量不多(卷八,尼姑与家持)。在平安时代后半期,随着短歌游戏化程度的加深,合作也流行起来了。例如源俊赖所编纂的《金叶和歌集》(1129年)就收录了十九首合作的短歌。可以说,其流行起始于游戏,呈现出作为抒情诗得到社会认可的盛况。那里潜藏着有可能从根本上改变短歌概念的两种想法。

　　第一种想法是短歌的分解。可以将31音节的短诗分割,从而创作出更短的诗歌形式。"五、七、五"的句子悄然独立,作为恐怕在世界上都是最短的诗歌形式得到普及、发展,获得了令人惊叹的大众性。

　　第二种想法便是合作。于是短歌的内容发生了转变。《古今和歌集》的"假名序"将和歌的内容作为"心中所想之事"的表现。然而两个作者的"心中所想之事"原则上大概是不一样的。合作的一首已经不可能是"心中所想之事"的表现,而成了一种努力,因为在拿到写了一半的短歌时,要考虑怎样才能创作出前后协调的一首歌,以及怎样才能表现那种随机应变的韵味。那与心中是如何想的无关。

　　事情到了那个地步,剩下的就是技术上的问题了。技术会"进步"。如果两个人合作愉快的话,相聚的几个朋友一起合作或许更加有趣,产生那样的想法也并不奇怪。另外,如果能够在别人所作

---

① 在平安时代末期、镰仓时代初期(十二—十三世纪的交替期),在贵族统治阶层形成了怎样的历史意识,这不是要在这里探讨的问题。在此,只要注意到一点就足够了,那就是:在《愚管抄》(1220年前后)以前,虽然范围有限,但在《古来风躰抄》(1197—1201)以及《近代秀歌》(1209)中就已经形成了一种历史意识。历史意识不单单是能够列举过去事实的知识,而是试图在过去事实相互之间找出超越前后关系的某种关联——那往往被称为"发展"、"进步"或者"颓废"等——的意识。藤原定家不是试图叙述过去曾经有过怎样的和歌,而是从现在认为是和歌之理想的位置来回顾过去,给以往和歌的变迁赋予某种秩序。

的上句后面承接下句的话,那么大概也能在别人所作的下句前写出上句。于是,作者乙在作者甲的上句 A_1 之后写出下句 B_1,创作出了第一首(A_1、B_1)。如果作者丙以下句 B_1 为前提,写出上句 A_2 的话,就创作出了第二首(A_2、B_1)。重复同样的步骤,创作出第三首(A_2、B_2),第四首(A_3、B_2),这样发展下去变成了连歌。①

连歌产生于贵族社会,但在贵族失去政治权利之后越来越流行。在以勅撰集为中心的传统美学的框架内,其形式变得更加洗练。掌握了权利的上层武士也依从京都的文化权威,紧跟京都的潮流。镰仓的将军源实朝成为藤原定家的弟子,在连歌领域,二条良基对天下发号施令。但是,那些都是在统治阶级内部的事情。连歌并没有局限在那里,而是超出统治阶级,浸透到各个阶层,在大众中普及。在十四世纪的内乱时代,据说包围城池观望对方态势的官兵在野营阵地举行了连歌大会(《太平记》)。从地位高的贵族到"贱民",从将军到奴婢,各个社会阶层的男女都热衷于同一种游戏娱乐,这样的例子或许只有连歌和十五世纪的河原能乐,而且连歌一直持续到德川时代。

大众化往往意味着通俗化,而通俗化又意味着具有活力。超出贵族、武士等统治阶级的连歌同时也超出了他们的传统美学。主题由高雅优美的四季的象征和"思物"转向日常身边具体且多方面的经历。因为采用了俗语,词汇也扩大了,修饰法也包含了幽默,变得生动活泼了。大众化的连歌产生了俳谐连歌,之后使之有了艺术性发展。众所周知,在十七世纪后半期对俳谐连歌的艺术升华做出贡献的是松尾芭蕉及其朋辈。芭蕉一方面主宰俳谐连歌

---

① 作为具体的例子,让我们引用一下《水无濑三吟》(白韵,1488 年)开头的六句。因为是宗祇(1421—1502)、肖柏(1443—1527)、宗长(1448—1532)三人共同创作的,所以被称为"三吟"。下面六句按作者、句、季节的顺序排列。宗祇的第一句是接着后鸟羽院的"山麓望朦胧,水无濑川似白"创作的。

宗祇	残雪犹未消	山麓罩暮霭	春
肖柏	山村河水远	梅花发芳香	春
宗长	河风吹柳丛	春色在眼前	春
宗祇	橹声遥可闻	春潮泛白色	杂
肖柏	云雾罩夜空	犹留一轮月	秋
宗长	晨霜遍原野	秋色业已深	秋
宗祇	虫虽愿长鸣	秋草却已枯	秋

的共同创作,一方面周游各地,撰写了许多游记,在他精雕细刻的散文中,随处可见俳句的杰作。俳句是将连歌的第一句,即发句(五、七、五)从连句中分离出来的独立短诗。芭蕉在继短歌之后的短诗即俳句的形成方面也作出了贡献。不用说,俳句在明治以后,在连歌衰退之后也非常盛行,当今依然在日语定型诗世界与短歌平分秋色。

连歌的句子可长可短。常见的有百句一卷(百韵),以及三六句一卷(歌仙)等。乍看像行数较多的长歌,但那与长歌完全是两码事。长歌的作者是一个人,主题具有一贯性,在展开时至少在一定程度上要考虑到起承转合的构造。而连歌则是由几个人合作而成,谁也不考虑整体结构,大家将注意力集中在每次如何连接句子方面。因为每个人**只有**在被给予的与前句的关系中才能写出一句,所以没有必要考虑那前面有什么句子。因为前面一直是写春天的句子,所以到这里是不是该变换季节了,这样想也是可以的,不过那是次要的问题。另外,在考虑接续句时,也没有必要考虑那后面的句子,因为那将由别人来作,不知道别人会作怎样的句子。连歌的创作预先没有计划,而是根据作歌时所想到的来改变主题、背景、情绪,那样将歌作下去。其魅力不论是对于作者来说还是对于读者来说,都在于眼前接句的意外性、机智以及修辞法,简而言之,就是眼前的前句与接句的关系趣味性。趣味性在现在得以完成,与过去、未来都没有关系。连歌是将过去的事情付诸流水,将明天托付给明天的风,生活于"现在=此处"的文学形式。正是这种文学形式在日本文学多样化的形式中经历数百年,一直受到日本人的喜爱,而且其喜爱程度在日本历史上也是少见的。①

---

① 广末保指出:"在连接连歌前句的同时,意识到后句马上会被他人连接,要这样来思考",并将其与"触击意表,在改变格调的同时不断繁殖的"西鹤散文"拒绝崇尚完结的不安定形式"进行了比较(广末保:《西鹤的小说——围绕时空意识的转换》,平凡社,1982年,11—12页)。另外,他还认为短篇小说集《做摆设的土特产》的连句形式与这个集子有共通之处(同上书,43页)。

《好色一代男》描绘了主人公从孩提时代起的一生。就这一点来说,那不是一部短篇小说集。但是,各章的各个故事相互独立,基本上没有贯穿全篇的关于主人公身体以及精神的成长、变化的描述。广末保对这篇作品中的时空间的(移下页)

概括地说，日语的定型诗经历了从短歌、长歌、旋头歌的共存到向短歌集中，从短歌的合作产生出连歌，以连歌为媒介形成了俳句这样的变迁。这是主流，内在于其历史的显然是崇尚短诗型的倾向。但在抒情诗一千多年的悠久历史中，并不是除了短歌和俳句就没有其他诗歌形式。

起源于平安时代的佛教寺院的"和讃"将七、五句作为一行，其行数不定，篇幅有长有短。创作和讃的高僧一直到江户时代都不在少数，但其目的在于传教。一般而言，那不是抒情诗的独立形式。在平安时代末期时兴的"今样"是以七、五句为一行的四行诗。主题不一定与佛教相关，有些涉及到宫廷外庶民的风俗以及感情，其词汇与定型化的短歌不同，包含许多方言和俗语。歌人主要是用拍子来咏唱。但那在贵族社会也得以流行，特别是后白河法皇热衷于"今样"，编纂了"今样"的歌词之集大成《梁尘秘抄》。如果说短歌是从社会的上层向下层普及的话，"今样"则是反过来是从下往上渗透。但是，"今样"得以流行几乎呈现与短歌抗衡势头的时期较短。我们可以从十六世纪初编纂的《闲吟集》中窥见室町时代的能乐、狂言的小歌以及地方民谣的一端。诗型多种多样，不能在那里确定有影响力的新形式。总而言之，不妨认为虽然存在多种诗歌形式，但它们所通用的领域、时期以及地域都有限，不论哪一种形式都没有动摇定型诗向短歌和俳句集中的大势。崇尚短歌的倾向就是如此强烈。

俳句的时间

短歌与俳句有什么不同呢？在 31 音节的和歌中描写时间的

（接上页）"未完结性"给予了强调。他没有将那与连句进行比较。如果比较的话，那么在连句中大概也可以看出"未完结性"。"未完结性"是指"没有终结的视点"，没有终结的时间不被结构化，相互之间没有关联，而只能是自我完结的连锁。结句的现在与故事的现在都是如此。在这种意义上，西鹤的《好色一代男》与卡萨诺瓦《我的一生》相似。

《好色一代女》与《好色一代男》不同，描述的是一名女性的人生沧桑。那里的时间不单单是现在时点的连锁，而是具有完结性，是结构化了的持续。但是，如果《好色一代女》是西鹤的作品的话，那么那是西鹤小说中的唯一例外。

推移就已经不简单了。因此,大部分和歌都反映歌人现在所处的环境或者描述现在的心境。

> 大地天光照,春时乐事隆。此心何不静,花落太匆匆。
> (纪有则,《古今和歌集》,卷一,春歌下,八十四)

春光、落花都是眼前的光景,一方的悠闲与另一方的忙碌的对照非常有趣。那种趣味性在现在得以完结,与过去的任何事情、未来的任何现象完全没有关系。在这首歌中,时间不是流动的。

但也有例外。即使在《古今和歌集》中,回想也是短歌的技法之一。现在的体验唤起过去的体验,被唤起的过去赋予现在以意义。例如:

> 花橘待五月,皋月一至橘花咲,嗅其花香者,发思故人昔袖香,怀旧之情不能止。
> (无名氏,《古今和歌集》,卷三,夏歌,一三九)

另外,还有中年美女意识到逝去的时光的歌:

> 花色终移易,衰颜代盛颜。此身徒涉世,光景指弹间。
> (小野小町,《古今和歌集》,卷二,春歌下,一一三)

这是一首因为巧妙地运用双关("降る"与"経る"、"長雨"与"長め")的名歌,出色地将女人的年龄=时间意识概括在 31 音节中。

另外,也有将随着时间的流逝改变的事物与不变的事物进行对比,以突出双方的情况。例如:人心会变,而花香则与往昔无异。

> 故人居故地,心变固难知。唯有梅花在,芬芳似旧时。
> (纪贯之,《古今和歌集》,卷一,春歌上,四十二)

另外,比如处境与一年前不同了,只有自己没有改变。

月岂昔时月，春非昔日春。此身独未变，仍是昔时身。
（在原业平朝臣，《古今和歌集》，卷十五，恋歌五，七四七）

然而，从这里所举的例子可以看出，一般来说和歌中即使有回想，也不会有预想（或者说几乎没有）。那样的时间是以今天为中心重现昨日的记忆，而不是朝向未来的时间。如果将时间定义为从过去到现在、将来的流逝的话，那么这里的时间实际上不是时间，而是现在的状态。因为回想过去是现在的行为，所以可以将回想视为过去的现在化。并不是过去的现象本身进入和歌之中，而只是作为记忆或者回想被现在化，流入现在并被吸收，以此表现出来。《新古今和歌集》中的一首算是极端的例外：

若如此长生，此时之苦痛，明日复思念，恰如今日情。
（藤原清辅，《新古今和歌集》，卷十八，杂歌下，一八四三）

这里具有过去、现在、未来。"若如此长生"是未来，"此时"是现在，"明日复思念"是过去。通过参照过去与未来形成关系，来改变现状的**意义**。换言之，现在的事情的意义在现在的时点并不能完结，**只有**在与过去、现在、未来的时间流逝的关系中才能完结。如果已经有过去、现在、未来的时间的话，在那里大概也存在逻辑上的前后关系。这一首和歌还含有推论之意。在现在看来，过去是如此这般，**因此**在未来所看到的现在大概也是如此这般，这是一种推论。和歌的内容采取推论形式的例子恐怕不多见。

像这样，在短歌的框架内能做到的事歌人们都尽力去做了。但是，俳句的框架更加狭窄。和歌和俳句的两种短诗型所具有的可能性太不一样。和歌能表现的俳句表现不了，或者说很难表现。在31音节中可以表现时间的经过，至少能回想过去，将过去的经历与现状重叠。但是在17音节的句子中，没有容纳回想的余地，在当中很难表现时间的持续。例如"思物"不是瞬间的心理反应，而是在某种期间持续的状态，在其自身中包含时间的持续。能够创作众多"思物"之歌，是因为和歌这种形式就算不明确包含表示回想,至少具有足以显示感情起伏的长度。然而松尾芭蕉的俳句中基本上没有恋情。17字的短诗型适合捕捉瞬间的感觉性经历,而不适合表现恋情那种持续的心理状态。也许他非常了解这一点。

连歌的接句中也有涉及男女恋情,而俳句中则基本上没有那样的内容。那大概是因为31音节和17音节在形式上存在差异。当然,包括连歌在内,进而包括俳句在内,芭蕉的遗作在整体上恋情比较少,其理由又是另外的问题,但那并不是此处要论述的要点。再次,只要注意到芭蕉自身将俳句与短歌(他的另一种形式便是连歌)相区别,认为那是瞬间经历的表现这一点就足够了。那种体验不是感情性的,而是感觉性的,是知觉的对象(外界)和内心的一种交感,是忽现忽逝的东西。那有点像服部土芳在《三册子》中引用的芭蕉自身的话"物之所见之光依然不消于心,宜言止"。时间在那里停止,没有思想介入的余地。

但是,俳人不只芭蕉一个人。有时候,一瞬间的感觉会唤起记忆,时间在17音节中流淌,感情得以持续。例如与谢芜村有两句这样的名句:

风筝空中飞,昨日相重叠。

在这首俳句中,"昨日"和今日在冬日的天空中重叠。

忧郁登山立,满眼野蔷薇。

在这首俳句中,以登山这种行动的持续性为前提。那种时间的持续不是感觉而是情感的表现,是"忧郁"的成立条件。"野蔷薇"是夏天的季语,大概是德语中的 denröslein(野玫瑰)吧。在芜村的俳句中,那让人联想到"故乡之路"。与野蔷薇的相遇是现在。那所唤起的是故乡的过去。这一句不是明显地却生动地表现了"心变固难知"这一首所咏唱的现在的感情和过去的回想的微妙照应。

但在这里,例外也不否定原则。原则是诗型越短越关注瞬间的现在。为了"言止"那决定性的瞬间,芭蕉运用敏锐的语感,动用了所有有效的修饰方法,季语便是其中之一。在平安时代,四季被当作短歌的重要主题;而在江户时代,季语作为表现季节的手法受到重视。它被规范化,便出现了《岁时记》。在短歌中,可以说"春すぎて夏来にけらし"(春去夏来)。春天过去后接下来不可能是秋天和冬天,所以要注意的是,那就用了12音节,后面还有19音节。而如果是俳句的话,则只剩下5音节。大概不会花12音节来表现那种理所当然的事情。而如果使用季语的话,不用提到夏天就能进行表现。当然,也可以说"夏草"、"秋暮",但如果有"蝉"、"茅蜩"这些词语的话,就没有必要使用"夏"和"秋"了。季语是短诗型在进行简洁表现时的有力工具。

在俳句中,不能说"春すぎて夏来にけらし"(春去夏来)。仅靠最后的5音节,想必就连说什么事情长久都困难。枕词在短歌中常常是有效的修辞法,而在俳句中则派不上用场。

另外,芭蕉为了捕捉一瞬间的感觉,使用了拟声词以及重叠语,达到了语言的超现实主义的组合的境界。例如:

楠堂纷纷落,哗哗瀑布声。

彤彤夕日虽无情,凉爽又秋风。

蝉声似静幽,但可穿岩石。

在那里,时间停下来了。既没有过去,也没有未来。整个世界集中在"现在=此处"。

芭蕉到达了那样的境界。并不是每个俳人都到达了那样的境界。但是,谁都关注"现在=此处"的印象,摆脱了之前的经过,也不在乎那以后的结果,而是凝视现在自我完结印象的意义。俳句是日语抒情诗形式历史发展的最后归结。现在,大约有几十万人在试图用俳句来表现他们的"心声"。正因为如此,发行几百万份的大报纸才设有读者俳句栏,至少他们希望将自己的心情寄托于现在的瞬间是这种现象的背景。

随笔的特点

与抒情诗,特别是连歌相对应的散文文学形式在日语中被称为"随笔"。西洋语言中没有与随笔相对应的词语。事实上可能有与之相似的文章,但至少不被视为文学散文的一种主要范畴。然而,在日本,从《枕草子》、《徒然草》、《玉胜间》到现在,被总括为随笔的文章与其说是散文文学的主要形式之一,不如说那是最重要的形式。作者用散文表达了丰富的内容。那是日本文学固有的独特形式,随笔与诗歌一样具有悠久的历史和压倒性的大众性。不同的是,连歌是共同创作的定型诗,而随笔则是作者个人的散文。

在整体上任其自然,没有明确的构造,在所给予时点的后续句中存在独立于整体的机智与趣味性,这既是诗歌的,同时也是随笔的特征。无论是《枕草子》、《徒然草》还是《玉胜间》,都是不具有相互共通主题的片段的汇集,没有贯穿整体的主线,不是一种特定想法的发展,总而言之完全不具备建筑性的构造。另外,在片段的排列方面,也没有像年代顺序那样的某种秩序。其长度不定,有的只有几行,而有的则有几页。贯穿整体的恐怕只有同一作者的文体。有趣的是什么呢?显然不是整体,而是部分。各个部分=片段之间没有前后关系,但它本身很有意思。作者的机智以及感受性、对事物的看法、对风俗的敏锐观察、对历史事实以及文献的介绍、书评、人物评价、传言、神话的细节、对政法的意见、酒和食物的滋味、词汇和意义论……简直不胜枚举。不是关注整体,而是关注部分的文学形式便是随笔。随笔的各个片段就像连歌的接句。如果按照时间轴来说的话,读过的片段与接下来要读的片段之间没有关系,只要眼前的片段有意思就行了。在抒情诗的形式中对现在的崇尚不论是在散文中,还是在更加典型的随笔中都得到了同样的确认。①

艺术与时间

"音色"与"停顿"的音乐

据说大脑对于言语表现和音乐的反应部位不同。即使大脑左侧因为语言中枢的残疾而完全失去语言功能,可能对音乐能力完全不会产生影响。反过来如果大部分右脑皮层有残疾的话,音乐节奏以及对旋律的把握就会出现紊乱。②但在同一文化圈中,语言表现和音乐都在很大程度上受到文化的影响。如果说在日本,连歌所注重的不是整体的过程,而是各个瞬间的局面的话,那么那种倾向也构成日本传统音乐的特征。至少与西洋的近代音乐相比,日本音乐比起音乐的持续整体构造,更加重视各个瞬间的音色和"停顿"。正如抒情诗朝向短诗型一样,能乐以及净琉璃的剧场音乐被还原为反复出现的较短的几种类型的曲子,各个曲子又被还原为其中瞬间的音质。一口气吹奏出来的长笛声将死者的灵魂引领到舞台,粗杆三弦的拨子发出的尖锐声音把私奔的男女所生活的"永远的现在"体现出来,那便是"弦外之音"。

在江户时代得到普及、洗练的日本音乐的大部分用于歌唱、讲述或者舞蹈的伴奏,因此不像同时代的西洋音乐那样使用很多乐

---

① 欧洲语言中没有与"随笔"相当的词语,翻译词也少。吉田·克拉夫特认为"随笔"与欧洲语言中的 essay 完全不同,不具有结构性,"而那正是自古以来日本随笔家的基本态度"。其内容归根结底就是反映"各瞬间的生活",那就是结束,同时也是新的开始,不停地发生变化。这一解释简明扼要、准确明快,实属难得。这种从《枕草子》的作者起的"自古以来日本随笔家的基本态度"不可能不与日本文化的本质部分相关。正如在典型的随笔中体现出来的那样,其本质一是缺乏"建筑性结构",而是崇尚"各瞬间的生活"。

② Peter Nathan, *The nervous System*, Fourth Edition, Whurr Publishers Ltd., London, 1997, pp. 215 - 252. 彼得·内森介绍了"完全失语症"患者俄国作曲家 V. G. 谐巴林的情况。谐巴林在 50 多岁时两次中风,但他创作了包括四重奏曲 1 首、交响曲 1 首在内的 9 首作品。

器。不过,尺八的独奏曲是一种例外。①

日本音乐的旋律不是多声的,而是单线的。不论是声乐还是器乐,都不具有赋格曲那样的建筑性构造。另外,也不像反复提示、变奏主题的奏鸣曲那样具有严谨的结构。日本音乐所关注的是各个音的"音色"。音色包含很多和音,变得很复杂,再加上微妙的颤音,将各种情感融入其中。在极端的情况下,大概可以将远处寺庙的悠扬钟声作为一段音乐来欣赏。实际上,尺八中甚至有一口气吹奏的曲子。② 结构性音乐必须听完整,但乐器可以更换。例如巴赫的赋格曲既可以用古代乐器,也可以用十九世纪以后的钢琴来演奏。当然,音色会有很大的差异,但赋格曲的结构美不会改变。相反,音色的音乐魅力即便不从头听到尾,在各个瞬间也能脱离整体鲜明地体现出来,但是不能更换乐器。例如能乐的大鼓和小鼓不仅营造出一种节奏,而且因为他们的音色具有微妙的差异,而那对于音乐来说那又正是决定性要素,所以绝不能将两者替换使用。

日本的音乐家往往重视"停顿"。众所周知,"停顿"是两个音之间的间隔、时间的距离,是沉默的持续长度。其长度并非以单位时间的整倍数保持稳定,而是根据状态发生微妙的变化。在所给予的状况之下,"停顿"可以用来调整沉默的持续即微分的增减。

---

① 江户时代音乐的起源一般可以追溯到很早,例如追溯到能乐。关于器乐也是一样。例如,尺八兴于唐朝,经由朝鲜半岛于七世纪传入日本。尺八十三世纪前后在中国失传,但在日本却承传至今。在吹奏乐器中,尺八的声音强度以及持续长度与吹奏者呼气的性质直接相关,在此意义上来说,给人一种乐器是身体的延伸的印象。例如,大吼是愤怒感情的身体表现,那种激烈的气息会真实地在尺八的音调中体现出来。与之完全相反的乐器是钢琴。演奏者的感情不是通过身体媒介,而是与极其抽象的声音联系起来。钢琴家的手指动作不是感情的身体表现,而只是通过钢琴这种机械弹奏出相应声音的手段。石井马奇创作尺八钢琴组曲《遭遇》的时候,大概不仅想到了东西方乐器的相遇,而且还想到了最典型的身体表现与最典型的非身体表现的交锋。尺八虽然有时也用于合奏,但主要是独奏乐器,没有伴唱。而钢琴有时伴唱,有时不伴唱。

三弦是十六世纪从冲绳传入的(蛇皮线)。主要在剧场(偶人剧、歌舞伎)以及花街柳巷(艺妓)中普及。三弦一般伴随唱歌、讲述、舞蹈,极少作为纯粹的乐器来独奏或者合奏。

② 武满澈说用八尺能一口气吹出持续两分钟的声音。"而且声音优美,色彩斑斓。""一种声音中包括所有事物。"那显然不是建筑式的结构,那里"既无始,也无终"(武满澈:《远方的呼唤》,新潮社,1992年,43—44页)。

那是针对某个时点的状况，在与前面所发出的声音的直接关系中很快决定在何时发出下面的声音，那决定音色效果。例如在能乐舞台，小鼓的复杂节奏与气氛密切相关，营造出某种状况。在那个时候再敲响大鼓，究竟让大鼓"停顿"多久，换言之，在击鼓之前，沉默多长时间，那种持续的极小差异会决定是让观众听重复无数次的声音，还是以裂帛之势贯穿其肺腑。那个时候的音乐结集在"现在"的瞬间。那之前发生了什么，那之后将会发生什么，已经没有任何关系了。

结构与一曲的时间流动的整体相关，"音色"和"停顿"都与流动的部分，即各个瞬间的现在相关。结构是声音相互之间的关系，而"音色"则是单个声音的性质。只要关注单个声音的高度、长度、大小就能建构声音的相互关系。就像为了在地上摆放三个物体以形成三角形，只要注意每个物体的摆放位置就可以了，其他所有性质都可以无视。如果看中单个声音的丰富表现力的话，那么其性质就不会被还原为高度、长度、大小，而不得不变成多样化且复杂的东西。现在如果将接近音叉的单纯的声音称为乐音，将非常复杂的声音称为杂音的话，那么追求单个声音的表现力也就是崇尚杂音。每种乐器都有其固有的音色，如果频繁使用颤音的话，就能获得更复杂的音色。为了增加比那更加复杂的音声，还可以用拨子来弹三弦的弦，或者敲打琴身。那种技法大概显示了三弦崇尚杂音的倾向。① 人的声音在日常会话中比乐器的声音更加复杂。但是，歌手能够通过训练改变声音。训练的方向有两种，一种是单纯化，另一种则是复杂化。单纯化也就是乐音化，使歌手的发声器官接近乐器。"美声唱法"大概就是典型的例子。复杂化是彻底的杂音化，那是使歌手的声音接近即便在日常生活中也显得特殊的一种嘶哑声音。那与在三弦音乐中将乐器作为产生杂音的装置来

---

① 武满彻所喜欢的日本乐器除了尺八以外还有琵琶。他曾经这样谈论过琵琶的"优美的噪音"。"琵琶与西洋乐器最大的不同在于它将西洋乐器在现代化、功能化过程中舍弃的杂音作为音乐表现积极加以运用。"（前引书，20—21页）。"琵琶头上有几处镶着象牙，上面张着4—5根弦。象牙部分有弦槽，弦从弦槽中通过。拨动弦时，弦与象牙弦槽碰撞，发出杂音。"三弦也使用了这种构造。加上杂音以后，琵琶发出"复杂、意味深长的音色"。武满彻指出：日本音乐与西洋不同，比起旋律更加重视音色，那是日本音乐追求的方向。

使用的情形相对应。一方面存在把人当作乐器来对待的传统,另一方面也存在将乐器人类化的根深蒂固的习惯。那是因为一方面存在尊重音乐结构的价值取向,另一方面又有音色表现主义。那恐怕是因为存在将时间的持续结构化的文化与不将时间结构化而是生活于现在的文化的对照。

身体表现

日本传统音乐的特征,特别是在德川时代的艺术性音乐中作为显著倾向体现出来的特征是:比起声音之间的相互关系,更重视各个声音的微妙性质;比起旋律更注重音色,比起整体结构更注重部分的洗练。如果是那样的话,这一特征在与音乐紧密相关的舞蹈中又是如何体现出来的呢?我曾在东京与卢原英了一起看过芭蕾演出。卢原说:"日本的舞踏的特点是舞踏演员绝不会让双脚同时离开地面。"的确,日本的舞踏演员在舞蹈中不会跳跃。一般来说,芭蕾舞演员一边连续跳跃,一边在大舞台上绕圈子。而能乐演员则缓缓地在小小的舞台上绕圈子。在绕完一圈之后,在绕下一圈之前常常会插入静止的瞬间。在那一瞬间,或消沉、或愉悦、或痛恨。华丽的服装争妍斗艳,如盛开的鲜花。那与其说是静中之动不如说是动中之静,也就是说是戏剧性事物的绘画性表现。而芭蕾中没有那种绘画性表现。在芭蕾中表现的是身体的舞动,是回旋、跳跃、在空中跳跃着绕舞台一周的身体轨迹。在那里没有一瞬的静止。那里的静止只不过是全部结束后的休止。因为舞动的是身体,所以服装是次要的,是为了方便的一种约定而已。芭蕾和能乐大概是艺术上洗练的舞蹈的两个极端的代表。前者具有身体的运动和美的律动感,后者则有被能面以及服装所装扮起来的人物的静态姿势和无限的心理表现。前者追求永久的运动,后者则将运动微分化,以接近静止。将舞踏演员引出舞台的,前者是管弦乐的旋律和跃动的节奏,而后者则是从深深的沉默中发出的笛子的音色。

作为能乐演员动作极限的静止,也被歌舞伎所继承,演变成"亮相"。在歌舞伎舞台与猎物以及其他格斗场面被极度程式化,演员似乎像舞蹈那样根据特定的动作来活动手脚、挥动武器、翻跟头。这便是"杀阵"。在"杀阵"的途中,演员多次"亮相"。"亮相"是静止的姿势,常常正面对观众,摆出好看的姿势。在那个时候,"杀阵"的动作中断,主人公不是看着斗打的对方,而是看着观众。那不只是运动的单纯休止,而是运动所准备的感情达到了高潮。

但是,在到达"亮相"的过程中,反复进行所谓的小"亮相"产生一瞬的静止及其视觉效果。舞蹈化的打斗无非是小"亮相"的相继发生,为了从一种姿势向下一种姿势过渡,演员舞动自己的身体。其间隔,即身体的舞动时间很短暂。歌舞伎的导演对京剧演员说:"在歌舞伎中,如果主人公从一种姿势转向动作,将持剑的手臂挥动两次的话,原则上接下来就会转向静止。"而在京剧的杀阵中,何止挥动两次,挥动起来便不会轻易停下来。手臂像风车般挥动,刀剑在空中飞舞,打斗的主人公在舞台上不停地横冲直撞。孙悟空在最终"亮相"之前不会有静止的瞬间。他们的激烈动作是通过他们自身的力感动感来表现的,并不追求静止姿势的绘画效果。京剧的杀阵与歌舞伎的杀阵有很大的差异,前者更加接近芭蕾。京剧的动感与芭蕾一样,崇尚流动的持续。歌舞伎舞蹈重视独立于前后的瞬间的姿势。舞蹈中的节奏自由和断音的对照——那并不只限于"杀阵",大概是所有舞蹈的共同倾向,另外那也不是歌舞伎独有的特征。例如京舞的动作以某一瞬间的某种优美姿态停住。

绘画中的时间

如果说本来是时间艺术的舞蹈在日本文化中有追求绘画效果的倾向的话,那么在同一文化下产生的绘画有时候也追求时间的表现。一般来说,绘画描写对象——例如人物、风景、花草——的"形象"。在画作中,人不会老,花不会谢,时间不会流逝。但是,也存在通过绘画来表现随着时间的推移而变化的对象。有几种不同的手法具有那样的表现力。

首先是异时同图,即在同一个画面描绘不同时点发生的事情。

其次是异时图并列。将在不同时点发生的事情按照同一时间的顺序来并列。那些画既可以挂在墙上,也可以直接画在墙上(壁画)。在壁画比较少的日本的房屋中,有时候用隔扇代替墙壁(隔扇画)。另外,还可以在画卷上根据时间的经过来画出不同的场面(画卷)。

使用第一种手法(异时同图)的事例在日本比较少。《吉备大臣入唐画卷》(十二世纪后半,收藏于波斯顿美术馆)中安倍仲麻吕之鬼出现的场面便是为数不多的一个例子。唐人将在奈良时代作为遣唐使入唐的吉备真备幽禁在高楼门之上,让他解读《文选》、与有名的棋手对弈。在那个时候,安倍仲麻吕之鬼出现,帮助主人公解答难题、下赢棋,胜过唐人。在画卷中,右边画的是狂风中的树木和头上长角的裸体赤鬼,左边有朱色高楼,吉备真备端坐在高楼上的室内,与衣冠楚楚、一副官人打扮、紧靠窗边回廊的鬼相对。应该是鬼首先在暴风中出现,然后化身为官人登上了高楼,所以时间是从画面的右边往左边流逝。如果将过去(出现赤鬼)与现在(相对)画在一幅图里面的话,两者的关系就明显表示出来了。在左边的现在看来,右边是过去,现在发生的事情的意义,即主人公所面对的是鬼这一点可以通过参照过去的场面来确认。如果从右边的现在来看,左边就是未来,现在发生的事情的意义,即鬼出现是为了与主人公相对这一点在与未来发生的事情的关联中,而且只有在那样的关联中才会明确。将时间先后不一的两件事画在同一画面上的优点在这里充分发挥出来了。

在西洋的中世纪绘画中,完全相同的手法使用得更加频繁。例如十五世纪中叶,乔瓦尼·迪·保罗的《逐出伊甸园》[①](十五世纪)左半边画的是神,下部画的是用同心圆表现的世界,右上部是苹果树林,右下部是驱逐亚当和夏娃的天使。在西洋,因为时间是从左向右流动的,所以首先是开天辟地,然后是神将自己创造的人驱逐出乐园,因为他们犯下了罪行。罪行(即原罪)是指受蛇的诱惑吃了禁果。为什么全知全能的神会创造犯下罪行的人类呢?是不是在创造人类时犯了错误呢?人们自然会产生这样的疑问。但是,神创造的是具有自由意志的人,吃不吃苹果是人根据他们的自

[①] Giovanni di Paolo, *The Creation of the world and the Expulsion from Paradise*, ca 1445(Robert Lehmaer Collection, Metropolitan Museum, Ney York).

由意志来选择的事情，所以即使非全知全能的人类选择了罪行，那也是人类的责任，而不是神的责任。将人类从乐园中驱逐出来那样的事件既不是单纯的偶然，也不是天使在耍性子捉弄人，而是人类自身罪行的结果。罪行成立的条件首先是自由意志，其次是人类的不完美性。无论如何详细描写被驱逐出乐园时的情形都无法理解人类具有这两种条件这个问题，而只能通过参照在那之前发生的事情，即开天辟地的画面才能理解。因为神创造了天地并创造了与他自身相似的人类，所以人类具有自由意志。但是，人类并没有被造就成与神一样，因而人类是不完美的，会基于自由意志做出错误的选择，犯下罪行。

这样的创造者和被创造者的关系当然要比遣唐使的前辈和后辈的关系复杂，并且具有更加普遍的意义。① 另外，将两个场面隔开的时间，即从开天辟地到被驱逐出乐园的时间恐怕要比从鬼神出现到登楼的那一刻要长。但是，在同一画面中描写前后两件事，其中一方限定另一方的意义这样的构造却是相通的。西洋的绘画与日本的绘画的巨大差异是，在西洋这样的异时同图的手法用得很多，而日本则使用得较少。② 那恐怕是因为前者比后者更倾向于

---

① 以人的自由意志为媒介来说明神创造（以及支配）世界、那个世界存在罪恶这个问题的神学观点多种多样、错综复杂。那些观点可以视为关于历史过程和人类行为的决定论，以及与自由意志主张的对立。也就是说，突破基督教神学的框架，对于近代哲学也具有普遍意义。例如物理化学的自然规律、因果论的连锁。因此，一方面存在决定论，另一方面存在以自由意志和行为责任为前提的价值体系，不论哪方都难以轻易否定。不过在此不对神学以及哲学问题进行深入探讨。

② "异时同图"在日本佛教画中也少见。现存最古的是有名的"玉虫厨子"（七世纪，法隆寺藏）的"舍身饲虎"图。释迦在他还是王子的时候看到小虎挨饿，于是用自己的身体去喂老虎。在悬崖上方，王子把衣服脱下挂在树枝上；在悬崖中间，王子头朝下往下跳；在悬崖下，老虎开始吃王子。这三个画面不是从右到左，而是从上到下按时间顺序布局，其垂直线与主人公的运动方向是一致的。如果将三个场面与过去、现在、未来对应的话，那么过去的场面（脱衣服）表明现在的情景（往悬崖下跳）不是滑倒的偶然结果，而是基于自己决断的行动。从未来的事件（虎吃王子的场面）也可以清楚地看出该行动的目的是喂虎。但是，过去、现在、未来的区别只不过是"舍身饲虎"这个事件内部在极其短暂的时间内的细小区别。如果将该事件发生的时点称为"现在"的话，因为"现在"的微分化对说明事件的性质有用，所以与将故事的时间结构化完全不同，与明确整个历史和特定事件之间的关系的做法也有所不同。"舍身饲虎"的出色之处在于生动地描写了王子身体落下即物理运动，而不是因为表明了佛教的时间观念。

在与过去或者未来的事情的关联中来看待现在发生的事情的意义。

不是两件事情先后发生,而是存在多件事情的前后关系,例如战争的经过以及贯穿主人公一生的较长时间,绘画如何对那种情况进行表现呢?使用何种手法呢?如果是西洋绘画的话,在那种情况下,或者使用异时同图,或者将在不同时期发生的事情用壁画法或镶嵌工艺画在同一框架(例如天花板以及墙壁)内,或者将画框挂在同一室内,便于人们同时观赏。——总而言之,在许多情况下,都设法让人能一眼看见许多场面。描绘基督生涯的画作大概是最典型的。从"诞生"到"十字架之路"以及"绞刑",最后是"复活"。通过浏览这些画面,可以将眼前的画面与过去、未来的场面形成关联,从而理解眼前这个场面的意义。基督的绞刑的意义只从墓地的山上的场面是无法理解的,只有通过参照"诞生"以来的过去和"复活"的未来才能确定。

在日本,从十二世纪后半期起时兴画卷。狭长的画卷从右至左,原则上按照时间的顺序来描绘物语以及战斗过程、寺庙神社的由来以及高僧的行踪之类的画面。画面相互独立,并不连续(不仅事件的发生时间,而且地点以及人物也常常不同)。有时候还会在场面和场面之间插入文字说明。绘画的技法以及样式主要有两种:一种以《源氏物语画卷》(十二世纪前半叶)为代表,在黑色的底图上涂浓厚的色彩,在它上面用细墨线条勾勒面部,所以又被称为"作画"或者"女画";另一种以《信贵山由来》(十二世纪后叶)为代表,主要以墨线条为主,擅长对人物表情以及姿势、动作等进行戏剧性写实,因为添加了淡彩,被称为"男画"。但是,这两种形式上的区别只是大致的,不少作品同时使用"女画"的色彩和"男画"的粗描。《伴大纳言画卷》(十二世纪后叶)以及《吉备大臣入唐画卷》(同上)便是那样的杰作。另外,后来的《一遍上人画卷》(十三世纪)也超越了"女画"和"男画"的区别,写实地描绘了寺庙的景观、自然风景,以及社会广泛阶层的习俗。

画卷打开一个场面来看,看过后卷起来,再看下一个场面,这样反复多次。右边看过的内容被卷起来了,左边没看的部分还未打开,都不能与现在眼前的场面一起看。现在与过去和未来是分割开来的。时间从过去向未来流逝,那里虽然有一些记忆和预感,但过去和现在并不是现在发生的事情的参照基准。画卷的时间是等价排列的现在的连锁。因为我们是依次打开画面,所以不能将整个场面连锁一览无遗,以确认场面的相互关联。各个场面是自我完结性的,与前后发生的事情没有关系。那些线条以及色彩、人群的动态、风景的情趣都在进行自我表现。例如应天门的火灾,在我们眼前占据整个画面的熊熊烈火令人震撼。确实,如果不看前后的场面我们不知道火灾是在伴大纳言的指使下发生的这一情况。但那些情况对火焰色彩"野兽般"的迫力没有产生任何影响。又例如,关于熊野的山峦以及寺院布局的信息在《一遍上人画传》的一个场面得以完结,与其他场面没有关系。画卷不是将时间结构化,而是强调在被给予的任意时点(那里的世界)的自我完结性。在那里,人们生活于现在。

　　日本画卷被认为是在中国画卷的影响下发展起来的。据说现存最古老的画卷《画因果经》(八世纪后半期)是写经所的画师模仿了从中国传入的画卷。在那之后的平安时代,日本画卷开始日本化,技术水平提高,在十二世纪以后大为流行。有记载的日本画卷有400种以上,现存的有百几数十种。[1] 因为西洋几乎没有被称为画卷的形式,[2]所以大概可以想像在画卷背后存在日本文化的某些特征。在日本,画卷是时间的绘画表现的主要手段,画卷具有将现在与过去以及未来切割开来独立完成的强烈倾向。也就是说,在诗歌以及在音乐中特别强调"现在"——换言之,比起整体更加注重"部分"的倾向在绘画中也体现出来了。

---

[1]　田口荣一:"画卷",《日本美术史辞典》,平凡社,1987年,96—98页。

[2]　西洋的例外有所谓"贝叶挂毯"(十一世纪后半叶)。在横宽70米左右的布上绣上日耳曼人征服英格兰的过程,包括战斗场面在内的许多场面从左至右按时间顺序依次排列。

第三章　行为方式

从神佛习合到摆脱信仰

　　传统的共同体（家庭、村落、其他）的时间无始无终，在那里，"生活于现在"的态度就成了自然的习惯。那里季节循环，春天逝去后还会再来，明年也能再次迎来收获的季节。但另一方面，不能谁的人生都有始有终，个人的人生时间被分节化，从幼年期到老年期不会反复，时间不停地流逝。人生的时间不会循环。

　　这两种时间如何统一呢？即使不可能统一，那么它们如何和谐共存呢？在个人在很大程度上被纳入共同体的传统社会，他的一生都被共同体的历史所吸收，成为共同体的一部分。人死后，家族的姓氏依然持续。家族姓氏的持续是家庭构造持续的象征，只要构造性框架不改变，在其中发生的所有事情都归结于各个时点的"现在"。村落的时间流逝是等价的"现在"的连锁，那种连锁的一环便是单个成员的一生。但是，在家族逐渐瓦解、村落共同体向资本主义社会的公司以及其他组织集团转变的近代日本，两种时间，即不被分节化的无限时间和有限的、因而多少不得不被分节化的时间感觉，对人们的行动会产生怎样的影响呢？人们似乎会根据情况将两种时间区别对待。一方面将过去的不幸"付诸流水"，忘却未来发生灾难的可能性，关注并享受日常的身边的"现在"；另一方面，很在意祖先的过去，为了孩子的未来进行教育投资，在社会保障不健全的状况下为了老有所养，一直维持着较高的储蓄率。

那样的现在主义和计划性的两面性,至少在心理上,或者至少在一定程度上根据需要,通过调整"现在"的长度来被人们处理。

具体的"现在"绝不是瞬间,而是针对更长久的时间流逝而言的短暂时间。对于以千年为单位分割的时间来说100年显得短暂;在说到"今世纪"的时候,"今"横跨100年;针对一年的"今月",针对一个月的"今日","今"根据参照的时间——那里包含过去和未来——的长短,大概是可以伸缩的。对于无限的历史时间,所有有限的时间都可以成为短暂的"现在"。例如,各人的人生是"这一生"、"今生"。"人生短暂"是古今中外诗人共通的感慨,因人而异、因文化而异的是对于那一点的不同态度。

第一种态度是将短暂人生的"现在"与共同体(家族、村落、国家等)的长久持续性置换。其未来以不变的框架为前提,可以使用外推法(extrapolation),预想的幅度不能太大。但是,那样的未来——如果通过对内部发生事象的预想可能性来定义现在的话——也可以认为那是现在的延续。这里的未来实际上不是未来,而是被延伸的"现在"。在这里,针对外表上的未来的计划无非就是"现在"的时间幅度内部的计划。

第二,如果将"现在"的时间幅度视为人生的话,可以制定有生之年的计划。也就是说,可以现在工作,为老后做准备,期待享受老后的生活。这种情况下的人生,即短暂的生命被认为是"现在"的连续,如果将那种"现在"细分的话,可以分为青年期和老年期,生活在现在与人生的规划——只要那种规划不超越人生的未来目标,例如朝向极乐净土,而是在人生内部完结的话——并不相互矛盾,完全能够共存。

第三种态度是一种享乐主义(hedonism)。也就是说,人生短暂,死后不知走向何方,应该及时行乐。不计较昨天发生的事情,也不为明天担忧,要尽情地享受每一天。① 此生没有计划涉足的余地。——这种想法在古今中外的诗人以及哲学家的作品中有

---

① 陶渊明:死去何所知,称心固为好。

所体现,从伊壁鸠鲁到陶渊明,从一休宗纯①到比埃尔·德·龙萨都是如此。当然,他们的趣味各不相同。伊壁鸠鲁的"ataraxia(心神安宁)"是内心的平静,那不是古代中国人"秉烛夜游"的游戏,也不是饮酒、品尝美食的行乐。另外,两者都与"生命短暂"联系在一起,很显然那与一休以及龙萨所赞美的恋爱——且不谈那是不是一种趣味——也完全不同。他们的共通之处是他们不是叙述那种人生的实际以及现实的行为方式,而是制定目标,畅谈理想,倾诉愿望。那是满足于现状,放弃一切计划、及时行乐的目标,以及那种理想和愿望。在实际生活中严格遵循那样的原则,除了在短暂的特殊时间,谁都做不到。至少如果没有起码的计划性,即如果不对不久的未来进行预测,并根据那样的预测在现在采取某种行动的话,那么就无法饮食,也无法开展社会生活。在煮饭之前必然准备好薪炭,为了给乘船前往遥远任地的友人送行,必须在特定的日子前往码头。但是,人们可以将无计划性的现在的趣味作为总有一天会死去的人的条件的自觉表现来正当化,将那视为一种重要的价值。

  那样的价值观在日本文化史上,从德川时代,特别是从德川时代中期开始,在町人社会变得很显著。那同时也是文化世俗化的时代。在十七世纪以前,日本佛教的特点是神佛习合。佛教通过排除佛教的宗教超越性,强调"现世利益",浸透到大众之中。十三世纪的所谓"镰仓佛教"打破了神佛习合,强调佛教信仰的超越性。但它逐渐被神佛习合的宽阔土壤吸收了。在那一过程最后出现的,便是德川政权作为镇压基督教的手段而实施的寺请制度。寺请制度强制所有人在佛教寺院登记。寺院组织成为行政机构的一个部分,表面上实现了佛教的彻底大众化,同时作为强烈的信仰体系的佛教已经不再是时代的支配性价值的中心。仪式(葬礼等)、由神佛习合引入的祖先崇拜(盂兰盆、佛坛)、各种各样的风俗(祭礼等),纯粹的现世愿望等多多少少与佛教有一点关系,从德川时代延续至今。但是,德川时代的文学以及美术差不

---

① 一休宗纯的诗收录在《狂云集》中。一休屡屡言及陶渊明的"吟怀",还想像爱的一夜永存。原文在此就不加引用了。

多全是世俗性的。井原西鹤以及松尾芭蕉的作品很少涉及佛教的内容。追求性快乐的世之介在故事的最后没有像唐璜那样坠入地狱，而是乘坐满载春药的船只前往女人岛。行旅诗人芭蕉造访寺庙不是为了祈愿"来世"，而是为了欣赏寺庙内青翠欲滴的树木。宗达光琳派代表性画作的主题是花草、八桥和燕子花，以及流水和红梅白梅，除了光琳的达摩图以外，很难看到类似佛画的作品。狩野派画作的题材广泛，也包括一些佛教题材，但壁画的装饰性大画面所描绘的主要是松、虎、花鸟、四季的风景等。从池大雅、与谢芜村到富冈铁斋的所谓的文人画也主要描绘空想的风景，与佛教没有太大的关系。不用说，从十八世纪中叶到十九世纪中叶十分盛行的浮世绘木版画以江户町人的日常生活为背景，描绘了美女、演员、大力士等，除此以外，还有春宫画以及后来出现的写实性风景画，那些都与佛教无关。总而言之，德川时代的美术与同时代的文学相比，很大程度上在身边的、日常的、感觉的世界中发挥了它的独创性。可以说佛教的世俗化在那里彻底体现出来了。日本文化不是随着工业化或者"现代化"而世俗化的，在工业化、"现代化"以前，与西洋相比就已经非常世俗化了。

如果现在将佛教传入以前的民间信仰称为神道的话，那么不妨认为神道的神通过神佛习合或者通过摆脱佛教而独立，在大众心中扎根。那不是全国性的信仰体系，而是地区性的信仰，在各地有许多当地的神。神与人死后的救赎无关，而是在现世中保护人们的生活，或者实现人们的心愿，给人带来幸福，有时候也给集团或者个人带来灾难。但是，神道并不介入人与人之间的关系，也不要求超越社会习惯的规范，也不将特定的伦理价值正当化，不树立权威。总而言之，以神道为背景，既无法主张替代佛教彼岸实现对死后灵魂的救济，也不能建构起此岸的伦理秩序。

因此，德川时代的统治阶层武士为了支撑以他们自身为顶点的阶级社会的秩序，将儒学特别是朱子学采用为意识形态，那种意识形态起到了将束缚人们行动的规则正当化的作用。儒学本来就是关于政治伦理的言论体系，它与佛教不同，不太关注死后的世界，在这一点上，儒学与神道有共通之处。但与神道不同的是，儒学特别是朱子学是在由合理且抽象的概念所构成的宏大的形而上学的世界中对伦理规范进行定位的体系。那种思想以及词语渗透到武士社会，被内在化，成为他们的伦理支柱。统治阶层的意识形态随着时间的推移向社会的下层扩散，町人以及农民社会也或多或少受到了那种影响。但是，由武士阶层所强加的儒学禁欲伦理在町人以及农民阶层并没有像在武士社会那样被内在化。儒学的规范作为外来思想，即外在秩序或者说"义理"与在町人社会内部作为价值而被意识的"人情"对立。这种对立在近松门左卫门的净琉璃中体现得淋漓尽致，"人情"的自然与"义理"的羁绊即不自然作为对立面被人们所意识。但是，近松、歌舞伎作者以及町人社会虽然都主张"人情"的价值，但他们并没有从那样的主场来否定"义理"的价值。他们并没有向已经形成的法和秩序挑战。德川时代的町人并不是富于革命精神的市民。而且他们的"人情"一方面包含面向内心的热情，另一方面也包含面向花柳巷的享乐主义。总之，儒学能够提供的是现世的秩序，不论从何种意义上来说都不是彼岸的救赎。

文化世俗化了。确切存在的已经不是来世，而只有现世。而且如果说町人社会不存在抑制现世中感官快乐的绝对伦理体系的话，那么享乐主义在物质条件所允许的范围内成为大潮流也是理所当然。那才是"人情"的自然，又因为是"人情"的自然，所以必须被正当化，必须被人们接受。因为人生短暂，感官快乐又更加短暂，所以人要活在现在。

第四，对于"人生短暂"的另一种态度是"厌离秽土，欣求净土"。如果现世是"秽土"，死后的世界是"净土"的话，那么生命可能越短暂越好。自己主动缩短自己性命（"普陀落"信仰）便是极端的例子。那是在平安朝风靡一时的净土教的观念，但对垄断权力的贵族（藤原氏）来说，现实并不是秽土。他们不是希望从秽土向净土，而是希望从此岸的净土向彼岸的净土转换。十一世纪中叶藤原赖通将其父藤原道长的别院改建为寺庙宇治平等院。宇治平等院便是净土的象征。"如果不信有净土，就去参拜宇治之御堂"。强调此岸与彼岸的断裂，通过阿弥陀信仰的内在化（念佛）使从"秽土"向"净土"的过渡得到保证是在十三世纪以后法然、亲鸾的净土宗逐渐在大众心中渗透以后的事情。在十五—十六世纪，以阿弥陀信仰为中心，确信西方净土，不怕死的一向宗信徒对武士权力的镇压进行了顽强抵抗（"一向起义"）。但如前所述，在德川时代文化世俗化了。在精神上支撑着十七世纪前半期在岛原抵抗幕府大军的农民起义的已经不是阿弥陀信仰，而是基督教的十字架。① 在那之后日本再也没有发生过宗教战争。那不是因为没有发生农民起义，而是因为不再存在对宗教超越者的信仰。

　　就这样，德川时代的文化不是指向彼岸或来世，而是指向此岸或现世，并将社会秩序的持续和人生的有限统一在现在的感觉经验中。幕藩体制被认为会永远持续意味着那是被延伸的现在。每隔20年翻新一次的伊势神宫（式年造替）是保存古代建筑形式的现代建筑，那并不是代表历史的过去，而是象征现在的神道中心。换言之，起始于遥远过去、保持不变形式的持续被原封不动地纳入现在的世界。那是将过去现在化，只有那样，而且只有在那种场合才具有意义（参拜伊势）。另外，能乐的情形也一样。能乐在德川时代，即使现在也是拥有古老形式的现代剧。另一方面，个人的人生有限性被所属集团的持续性所吸收，集团的持续性既可以将其过去现在化，也可以将未来现在化。高度的艺术表现具有将"现在"的，进而将瞬间的感觉经验集中起来的倾向，关于这一点在前文中已经提及过了，比如俳句的"快照"，音乐的"停顿"和一瞬的音色，歌舞伎演员的"亮相"……在德川时代，特别是在其后半期的江户町人文化中，现在主义的倾向浸透到了人们的日常行动甚至饮

---

① 对于领主的苛政发动起义的岛原以及天草的农民大多是基督教徒，人数大约有3.7万。起义农民在1637—1638年的半年内，击败了由幕府派往当地的板仓重仓所统领的九州各藩的部队，还与幕府后来派遣的12万4千大军进行了对峙。将军的军事顾问柳生宗矩一开始就认为镇压毫不畏惧的教徒不是一件容易的事情，并预言板仓重昌将会战死。新井白石的《藩翰谱》引用了宗矩的警告话语。"大凡下愚之人固守我法，以死为身之悦。此乃千千之众悉不期变为必死之勇士之术也"，因此"追讨之御使"不会轻易取胜。"大凡宗门起军大事也。"（《新井白石全集［第一］藩翰谱》，发行者吉川半七，1905年，151页）。宗矩注意到不论是一向宗，还是基督教徒，"宗门"对于死的态度都不会改变。白石对此表示关注，说明宗矩以及白石都有从观察个别事情向认识规律性过渡的思考习惯。

食、嗜好之中。人称老江户没有隔夜钱。在一瞬间辣得呛鼻的芥末①是江户料理的特色。就连幕府多次进行的"改革"也都是头痛医头脚痛医脚,没有制定任何长期计划。因为人们认为如果幕藩体制是永存的话,那么就没有必要有计划地对未来进行设计,现在会自动延续。就连在西洋军舰出没于日本沿海的十九世纪前半期,绝大多数人在日常生活中对装饰工艺精益求精(例如吊坠),愤世嫉俗(川柳、狂歌),在歌舞伎舞台上追求更加强烈的感觉刺激(例如鹤屋南北),以木版画的微妙色彩(歌川广重的夕阳)以及倒错性的故事性(歌川国芳)为乐。江户文化崇尚的是现在。

贯彻顺应大势和内在化

明治政府的年轻领导人具有明确的"富国强兵"的目标。另外,他们意识到为了实现那样的目标,有必要以西洋的技术制度为榜样推行"现代化"。他们迅速采取有计划的行动,在推翻幕府掌握政权五年之内将政治权利集中到中央,向发达国家派遣使节团和留学生收集信息,为了实现军备的现代化实施了征兵制,制订了政府领导下的全国学校教育制度,并通过税收制度的改革来确保财政基础。② 也就是说,他们为了从幕府夺取政权提出了"尊皇攘夷"的口号,但他们强化了其中的"尊皇",却采取了与"攘夷"完全相反的"欧化"政策。

对于出身于萨摩、长洲藩的领导人来说,"尊皇"(天皇制)意味

---

① 伊豆汤岛温泉旅馆白璧庄的主人宇田博司(1923—1994)说:"粹、奢华、一刹那,这就是所谓江户文化,或者说老江户的气质。在江户,用于寿司的天城芥末比其他地方产的质量都要好。芥末的清香和辣味刺鼻催泪。然而,一旦咽下,辣味在一瞬间就会消失。这种特性在江户受到追捧,天城芥末价格不菲,十分畅销。"("茶之道",1991年。收录于木下顺二、盐田庄兵卫《白璧庄主人宇田博司先生和我们》〈白璧庄发行,1999年〉,8页)。

② 中央集权的前提是"废藩置县"(1871年)。为了实现现代化,当务之急是获取榜样西洋各国的详细信息。因此,在两年半中,政府领导人及其随员到国外考察(岩仓使节团,1871—1873)。1872年发布了"征兵之诏",并确定了"学制"(1868年发布《小学校令》之后,义务教育才法制化)。1873年实施的"地租改正"则奠定了财政基础。明治政府政治体制由《大日本国宪法》(1889),意识形态由《教育勅语》确定下来了。

着明治维新(1868年)前后的持续性,而从"攘夷"到"现代化"=西洋化的政策转换则意味着豹变。之所以发生豹变是因为在维新前后即掌握政权的前后,状况发生了变化。那么为什么能够豹变呢?那是因为"攘夷"民族主义对于他们来说不是目的,而是手段;不是内在化的原理,而是外在的实用性工具。如果确立了内在化的原理或者说对绝对价值的话,就不容易根据情况来改变做法。与之不同的是,工具本来就可以根据状态的变化来替换。就像根据四季的寒暖来增减衣服一样。思想、政策方面的豹变也是如此。

但是,思想上的转变未必是机会主义(opportunism)。"攘夷"不只是政策,而是与民族主义的感情联系在一起的,并非完全没有内在化,对许多倒幕派"志士"们来说,它成了一种信念。如果不是那样的话,"攘夷"的口号作为推翻幕府的工具应该无法充分发挥作用。他们在某种状况下相信"攘夷"的民族主义,而在另一种状况下又相信"文明开化"。他们不是什么都不相信,也不是在不同场合随心所欲地提出自己的口号,谈论自己的意识形态。从这个意义上来说,他们不是机会主义者。他们以不妨碍适应不断变化的状态的方式与政治思想、意识形态以及价值体系发生关联,因此不存在原则的一贯性。根据需要将过去割裂开来,昨天的攘夷论**者非常自然地**变为今天的开化论者,极端一点的还会变为西洋崇拜者。也就是说生活在现在,或者无视作为参照对象的过去而只与现在相关。明治时期的领导人与未来相关是因为他们把未来视为现在事业的延长——如果排除外推法的话,所有计划都不能成立了。因为在这种意义上,未来事先已经被包含在现在当中。

"攘夷"民族主义或多或少被明治政府领导人用作工具,这一点从他们在维新之后毫不犹豫地将之舍弃的做法中也可以清楚地看出来。"尊皇"在维新前后是一贯的,所以并不是那么明显。那有两种可能性:他们(至少其中一部分人)或许不论在什么状态下都信奉天皇,或许认为天皇中心主义不仅是有效的倒幕手段,而且对建设维新后中央集权的民族国家也是非常有效的工具。如果说将关于"攘夷"的明确思想或者意识形态用作工具的倾向——那也可以解释为现在中心主义的一种体现——是人们的思考、行为方式的基本性质的话,那么第二种可能性,即天皇中心主义也被视为重要手段的可能性大概相当有说服力。当然,在政治领导人当中,既有执著于天皇中心主义那种信念的人,也有认为那只不过是建设统一国家的一种手段的人。实际上,不论是在中央还是地方上,在受国学影响的知识阶层中有不少人主张天皇的神性。但是,从明治国家的有力设计师之一大久保利通对宫廷的激烈批判也可以看出,他不是为了神圣的天皇来建设明治国家,而是根据国家的需要制订了天皇制。国家的需要是指"国内同心合体",即统一的中心。① 总之,萨长的"志士"们打着"尊皇攘夷"的旗号推翻幕府,然后将"攘夷"舍弃,将"尊皇"保留下来,自己成为明治政府的官员。那么幕臣以及那些号称几百万石的旗本们又是怎么做的呢?他们早就知道"攘夷"是做不到的事情,因此不得不开国。以维新为界线,他们发生了豹变。那不是从"攘夷"到"西洋化"的政策转换,而是将自己所忠诚的对象由德川将军转换成了天皇。转换忠诚对象的过程未必很顺利,在各地发生了小规模的武装抵抗,不少是在遭到明治政府军队的"镇压"之后才"归顺"的。当时(1860—1868)在幕府对外事务部门任职的福泽谕吉目睹了幕府末期的情势。关于萨摩、长州、土佐藩的叛军进入江户时幕府武士采取的行动,福泽是这样描述的:"有人逃亡东国,有人乘军舰前往箱馆,有人思慕旧君之御迹移居静冈,有人沦落为平民留居江户,在决定各种方向时,当初声称德幕第一流之忠臣不少渐渐变节,成为王臣。"② 不愿意逃亡,或者前往静冈,或者在江户为萨长政府效力的人据说"静冈之俸禄不足以糊口,江户之生计虽无昔日之眉目,然与其成舍义之王臣,不若成不忘恩之遗臣,饿死而后快,东海忽然出现了无数伯夷叔齐"③。但是,那种情况也没有持续多久,在武装抵抗以失败而告终,恭顺谢罪降服以后,武士们争相在新政府谋职。"今日有

---

① 例如在"大阪迁都建白书"(1868 年 1 月,远山茂树《日本近代思想大系 2 天皇和华族》,岩波书店,1988 年,7 页)中,大久保利通说应该一改宫廷"数百年来顽固因循腐臭","以往主上在玉帘之内",除了少数公卿,一般人无法拜见。那有悖"天赋之御职掌","自思分外尊大高贵,遂上下隔绝"是"今日之弊习",那种状态必须改变,要向外国的帝王那样"率从者一二,步于国中,抚育万民"。

② "丁丑公论",《福泽谕吉选集第十二卷》,岩波书店,1989 年,218 页。

③ 同上。

位伯夷官,明日又有两位叔齐拜命,首阳山头复不见人影"。①

明治十年丁丑(1877年),西南战争爆发后,在那之前还作为明治维新的英雄受到赞美的西乡隆盛转眼被骂为国贼。在那种状态下,福泽谕吉撰写了《丁丑公论》,对辱骂西乡隆盛的舆论大合唱和豹变进行了痛烈的批判,并回想了维新当时的见闻。因为顺应大势主义不论在何种场合都有共通之处。

> 明治初年之有志者,明治十年之有志者皆为日本人。若今日世上亦有风波,其趋从大势之趣将丝毫无异。②

顺应大势主义的"大势"是大部分集团成员往特定方向的运动。该方向有时有明确的目标,有时目标并不确定。不论在哪种情况下,问题不在于那个方向的是非曲直,而只是因为大多数人都朝那个方向走,所以自己也加入该行列,与别人采取相同的态度,附和雷同,那就是顺应大势主义。顺应大势主义的势力越大,顺应大势的人也就越多,越是有更多的人卷入其中。也就是说,顺应大势主义时常伴随"滚雪球效果"。

人们依从的当然是现在的大势。大势根据时代的不同方向也有所不同。天下的大势在一个时期是"攘夷",在下一个时期则是"开国"。"击灭英美"之后是追随美国,"英勇杀敌"之后是和平主义,通过保护贸易来实现经济成长的做法之后是开放市场和"自由化"。各个时代有不同的大势。更准确地说,可以将大势的方向没有改变的时期视为一个时代,其期间有长有短。目前的时代、历史时间的现在、大势的方向所决定的今天是伸缩的,脱离昨天的立场,顺应今天的大势,那就是顺应大势主义的态度。那种态度并不坚持昨天和今天的立场的一贯性。换言之,顺应大势主义就是体现在集团成员的行为模式中的现在主义。

顺应大势主义当然不是日本文化固有的特征,那在任何社会

---

① 同前引《福泽谕吉选集第十二卷》,220页。
② 同上书,221页。

都存在,现在也是一种普遍的现象。① 但是,在传统文化中包含"顺应大势"与"信仰的自由"、"集团主义"与"个人主义"的紧张关系的社会,以及在占统治地位的价值体系中没有强烈主张个人信仰以及良心自由的社会,顺应大势主义的体现方式有所不同也是顺理成章的。过去和现在的政治主场一贯性的基础归根结底是个人的信仰和良心的一贯性,所以在集团规范取代个人信仰和良心发挥作用的社会,对于过去顺应过去的大势,现在顺应现在的大势的做法没有什么抵触。在那里,人们可以从"无私"的立场殉公,以"和"为贵。大家可以热热闹闹地欢欢喜喜地一起豹变、变节。那不是机会主义。如果说以"私利"为目的而放弃原则、改变立场是机会主义的话,那么那不是以"无私"作为幌子而放弃原则、改变立场,而是以改变立场为原则。其结果是即使带来了极大的私利,但至少那在本人看来是偶然的,或者说只不过是幸运。

　　福泽谕吉观察这种情况说"明治初年之有志者,明治十年之有志者皆为日本人"。他大概是想说:不仅明治初年之有志者有"趋从大势之趣",日本人在整体上来说与之"丝毫无异"。的确,维新当时的顺应大势主义在十年后一点都没有改变。那么,福泽说的"日本人"在 100 年之后改变了吗? 我觉得一点都没有改变。

　　例如:1937 年当时的大势既不是"文明开化",也不是"大正民主主义"、国际联盟、裁军,而是对外发动侵华战争,对内建立军部独裁体制。"大势"在维新以后多次发生转变。但在各个时期,"日本人"除了极少数例外以外,都顺应各个时期的大势。福泽谕吉所说的"趋从大势之趣"的确"丝毫"未变。1936 年陆军"皇道派"发动军事政变试图夺取政权但以失败而告终。陆军"统制派"巧妙地利用军事政变的失败,成功地在权力机构内部划时代地扩大了陆军

---

① 例如,在欧洲社会,在十五、十六世纪达到高潮的"斗魔女"风潮就是大众顺应大势主义和附和雷同的典型表现。十九世纪中叶,约翰斯·图尔特·密尔对"多数的专制"进行过反复警告,因为存在顺应大势主义的"滚雪球效果"。例如,在第二次世界大战后,大卫·里斯曼指出:在美国,随着消费社会的形成,"外在主导的人格",即顺应大势的人格正在取代传统的"内在主导人格"。这只不过是二、三个典型事例。关于欧美社会的大势顺应主义的描述以及批判不胜枚举。

的影响力。① 结果是陆军在1937年无视东京中央政府的意图,扩大侵华战争,战火从卢沟桥扩大到上海,再从上海扩大到南京。在议会对那种大势进行抵抗的只有斋藤隆夫一人。他在1936年进行了"肃军演说",在1940年因为批判日军的对华政策被众议院除名。反对将之除名的只有7人,社会大众党将违反党的决定、以弃权形式反对将斋藤除名的10人除名。众所周知,后来便是"大政翼赞会"和"太平洋战争"。

当时,诗人中原中也在杂志《文学界》(1937年5月号)上发表了辛辣无比的诗歌《春日狂想》。诗的第一行是:

"大家一起来吧……"

那是对集团归属感的确认,是对社会学家所说的 togetherness,即"大家一起来"主义的讽刺。总而言之,"大家一起"是重要的,而大家一起做什么并不重要。在那种社会,"无私奉公"是一种美德。那种美德不过问集团的目的。因此在二十世纪,"日本人"眼中的幕府以及维新时的英雄中,既有为了推翻幕府而战斗的"志士",同时也有受雇于幕府去暗杀那些志士的恐怖主义集团"新撰组"。志士们提倡的是"忠诚","新撰组"高举的是写着一个大大的"诚"字的旗帜。只要诚心诚意,不论做什么都无妨。更准确地说,在打算做什么的时候,只要顺应那个时候的、现在的大势就可以了。

但是按照"大家一起来"主义来行动和将之对象化、意识化、相对化是两种不同的事情。前者是埋没在集团中的绝大多数人的行为方式,而后者则是独立于集团精神的自由作用。那些不论是在帝国议会还是在"诗坛"都一样。三好达治称中原中也为"天生的乖僻人"②,但那并不重要。不管他是不是"乖僻",最关键的是他自立于大势之外,因此他的诗歌涉及了别人都没有涉及的主题,而那

---

① "二·二六"事件后的特别会议(5月)复活了军部大臣现役武官制。因此,对于不依从军部意图的内阁,军部可以撤回军部大臣。也就是说,内阁在制度上沦为军部的工具。

② 三好达治《献给诗歌读者》,岩波文库,1991年,226页。

样的主题正反映了日本社会基本构造的一个侧面。①

1945年夏天,日本人以集团为单位,"大家一起"差不多在一个晚上发生了变化。昨天的军国日本的居民今日成了焦土上的和平主义者。高喊"鬼畜英美"的居委会活动家变成了麦克阿瑟的崇拜者。就连万世一系的天皇陛下也丧失了神性。天下的大势,又一次剧变。人们发明了"一亿人总忏悔"这样一句很方便的标语,指导战争的人,接受指导的人,将年轻人送往战争的人,被送往战场、葬身鱼腹、饿死在密林中的人,不论男女老少,不约而同都将过去付诸流水,顺应今天的大势。由于大势转变得太急,并且朝完全相反的方向转变,所以之前充当军部的爪牙,拼命煽动战争的作家以及诗人陷入"虚脱"状态,也有人哀叹"没有被告知真相"。在应该"超越"西洋之"近代"的哲学家中,甚至有人灵机一动,运用"无"的辩证法,撰写论文说扬弃了保守党和共产党的绝对矛盾的社会民主主义是文化国家——且不谈那意味着什么——日本的未来。大概是因为变化来得太突然,他们失去了与现实的联系。但是,除了极少数例外,在总体上整个日本社会谁都不会明确承担责任,人们不进行抵抗,顺理成章、自然而然地从顺应一种大势向顺应另一种大势转变。福泽谕吉所看到的"日本人"在将忠诚的对象由德川将军转向天皇的时候并没有感觉到有什么困难。我也惊讶地看到过昨天还在说为了天皇可以不惜生命的"日本人"平静、若无其事、理所当然地接受了占领下的"人间宣言"。他们相信"天皇是神"吗?如果不相信的话,大概不能为之付出生命吧。如果相信的话,那么应该无法若无其事地接受天皇说自己"不是神"的话。后来我想到,要解决这个矛盾,只能对"神"的概念和"相信"这个动词的意义

---

① 我过去关注过"春日狂想"以及中原中也的其他诗作(加藤周一:《中原中也 近代诗人10》,潮出版社,1991年)。此处关于"春日狂想"的论述与该书部分重复。

进行深入分析。但这次不对这个问题进行探讨。①

从战前到战后在日本居住，并直接体验、观察、分析过日本的变化的法国记者罗伯特·格林曾经这样描述过日本人的态度伴随着战败、占领发生的急剧变化：

> 新日本在新舞台出现，乍看与昨天的日本没有什么连续性。这种转变甚至没有留下背叛的痕迹，日本国民是"速成族"(ce people est instantiste)，"就像钟摆一样摆动"。日本人绝不会认真地承认自己有罪，他们的弥补方式是：通过自己的行为葬送"丑恶的"日本，发自内心地积善，通过再生之术(par réincarnation)拼命使期待的"美好"的日本出现。②

"速成"是瞬间，"速成族"简言之就是现在主义者。现在主义者使"丑恶的"日本，即在现在看来是曾经被丑恶的大势所支配的日本"成为过去"，认为那与现在无关，不追究顺应大势的过去的责任。取而代之的是，顺应"美好的"，即现在支配性的"美好的"大势。那乍看是机会主义的做法，实际上并不是那样。人们"发自内

---

① 现将我对于"相信天皇是神"意义论的思考概括如下：

本居宣长对于"神"的定义（《古事记传》）既包括祖先之灵，也包括山川草木。那作为对被组织起来的国家神道以前的"神"的定义是准确的。但是，国家神道的"神"与以前的"神"不同，是按上下秩序整理过的。天皇不单单是"神"，还是作为最高"神"之子孙的"神"。那与犹太教、基督教的神，即唯一最高的人格神是不同的。

"相信"在日语和在欧洲语言中（例如：believe, croire, glauben）意思是不一样的。一般来说，"相信"分为三个层次：第一，坚信；第二，有些相信；第三，略微相信。第三层次基本上与"想"、"感觉"的意思差不多。第一和第三层意思的区别在文脉中一目了然。在欧洲语中，在说"相信神"和"相信明天会下雨"的时候，不是日语中"相信"的第三层意思。第三层意思在欧洲语言中说成"我想明天会下雨"。另外，在欧洲语言中一般不使用第一层意思。平时在日语中使用的"相信"是第二层意思。那么，如何决定"相信"的强弱，即第一和第二层意思的差异呢？我认为"坚信"意味着具有即便处于不利状况下也继续相信下去的信念，有些相信指根据状况的有利、不利能够改变信念的情形。"有些相信"并不是"不信"，是"发自内心地相信"，但状况改变之后则有可能变得不信。大多数日本人过去都"稍微相信""天皇是神"，现在又"稍微相信""天皇不是神"。

② 罗伯特·格林著，矢岛翠译：《亚洲特电1937—1985——过激的远东》，平凡社，1988年，149页。

心地"、"甚至执著地希求"现在的大势。这样的看法与其说是罗伯特·格林对日本以及日本人的爱的表现,不如说是他对现实敏锐且深刻的洞察。他们是发自内心地希求,而不是权宜地顺应。"日本人"顺应大势主义的要点在于顺应的内在化,正如昨天相信天皇的神性,今天相信天皇的人性那样。

在这里引用的福泽谕吉、中原中也以及罗伯特·格林的话大概足以证明顺应现在之大势的"日本人"的态度具有一贯性。那以现在主义,即罗伯特·格林所说的"速成"(instantise)的态度,以之为背景,常常将顺应的行动本身作为价值内在化。换言之,顺应的行动是原则,除此以外不再有别的行为规范原则。

但是,大势对于个人来说是被给予的条件,个人不能改变它。而且只有现在才能够了解大势的方向,未来的大势朝哪个方向发展很难预料,因此人们关注现在的环境,对环境的动向即大势的变化做出敏锐的反应。不仅个人,而且在偌大的社会中特定集团也采取同样的行为方式。例如,企业一般不操纵市场(大企业是能够做到的),而是对市场的变化做出反应。即使在行为主体是国家的情况下,国家一般根据自己周边的国际环境采取寻求国家利益最大化的行动。也就是说,对于现状的连锁反应一般来说是小国的对外政策的历史。但是,大国不仅对现状作出反应,而且为了使未来的状况对自己国家有利而对环境施加影响,以改变环境。环境的范围对小国来说比较小,对大国来说比较大。改变国际环境的手段有政治、经济、军事或者文化手段,小国采取那些手段带来的影响较小,大国采取那些手段带来的影响较大。小国和大国的区别不仅可以根据操纵环境的手段的强弱来定义,而且还可以根据行为方式是规划国际环境的未来还是停留在对现状作出反应来进行定义。

二十世纪后半期不论如何对"大国"进行定义,美国以及直到80年末的苏联都是"超级大国"。日本由于经济上的影响力,也是大国之一。但是日本的对外行为方式是典型的小国作风,例如对周边形势的变化,每次都作出反应,但几乎不曾为了使形势对自国有利而发挥过主导性,采取的都是没有对未来进行规划的对目前形势的反应。例如1971年美国发挥主导性改善对华关系,日本对东北亚的这一新形势做出反应,田中内阁在1972年与中华人民共和国恢复邦交。就中日关系而言,在打破"冷战",更加具体地说,在打破"封锁中国"政策框架方面发挥主导性的是美国政府,而不是日本政府。何止如此,日本根本就没有想到美国的态度会发生变化,更不要说做好某种准备,对美国"不打招呼"就改变政策的做法——主啊,让我们祝福"日本命运共同体"吧——感到震惊。①

在思考战后日本的外交政策时当然要考虑各种各样的因素。从1936年的"二·二六事件"到1945年8月15日战败,日本陆军事实上采取了无视外交的态度。从1945年至1952年日本处于占领之下,没有外交权。从1952年到"冷战"结束的1989年日本彻底"追随美国"。也就是说,日本事实上没有在外交上发挥主导性的余地。日本在半个多世纪没有形成自己独自的外交政策。因此,反复进行的只是对形势的变化作出反应,采取应急措施,过一天算一天,以后的事情以后再说,只关注现在。但是不得不认为在那种想法的背后,恐怕具有忘却过去,不为失策感到懊恼,顺应现在的大势以渡过难关的传统文化。因此,要从中摆脱出来是不容易的。

---

① 当时日本国内流行大众电影《座头市》系列。座头市是幕府末期的盲人,以擅长"坐姿出刀"闻名。他看不到远处敌人的动向。因为不能预知形势的变化,所以无法制定安全保障计划。但是,如果敌人靠近身边,他会风驰电掣地从刀鞘中拔刀将敌人刺倒。尼克松、基辛格访华后,田中角荣很快做出反应。他的做法与座头市拔刀有些相似。战后日本的外交是座头市型的。

第二部　空　　　间

第一章　空间的种类

欧洲文明的空间

对于古希腊人来说，世界以希腊本土为中心，包括埃及、波斯、美索普多米亚、巴勒斯坦、俄罗斯南部、非洲大陆北部、意大利等。公元前五世纪在从西西里岛到黑海的广阔世界旅行的希罗多德对各个地区的历史和文化进行了叙述（《历史》）。那里有各种各样的人种、语言、信仰体系、风俗习惯、生产技术和产品，各个地域之间相互交易，也不断发生战争。希腊人居住的空间是面向外来文化的**开放**空间，其界线不论是在经济、军事还是文化方面都是能够超越的。实际上不论是从内部还是从外部都不断有人超越那种界线。他们在区别希腊人、非希腊人（Barbaroi）的时候，不是根据居住地的界线，而是根据他们说的是不是希腊语，就说明了这一点。在他们的"都市国家"里有从外部引进的劳动力，即奴隶。他们自己也远征，在地中海沿岸地区殖民，足迹遍及各地。柏拉图去过西西里岛，亚里士多德担任过马其顿国王的老师。他们不得不在与故乡不同的环境中，在不同的文化中讲述他们认为妥当的想法及意见。

与异文化接触的先决条件是语言的普遍有效性。当然，并不是每一种文化都像古希腊人那样能够满足那种条件。例如，腓尼基人在地中海周边的世界到处进行贸易，建立了迦太基，但是并没有产生欧几里得几何学和亚里士多德逻辑学。但我们不妨认为在日常中与异文化接触是古希腊思想普遍性得以成立的条件之一。古希腊人不仅生产出口到国际市场的葡萄酒以及橄榄油那样的商品，而且还形成了能够说服外国人的观念及体系。罗马人及其多民族多文化帝国将那一点继承了下来。众所周知，罗马帝国灭亡之后，阿拉伯人继承了希腊思想。中世纪欧洲通过他们重新发现了希腊和亚里士多德，发展了经院哲学。

但是古希腊所到达的高度普遍性并不只是体现在几何学和逻辑学方面，而且还体现在造型艺术形式以及装饰的"主题"上。从文艺复兴到最近，西欧的石造建筑完全没有摆脱巴台农神庙的对称以及希腊的柱头装饰的影响，大理石人像也是如此。石雕技法对遥远的阿富汗也产生了影响，于是产生了犍陀罗佛像，进而通过"丝绸之路"在中国北部的石窟佛像中留下了痕迹。希腊文化的空间界线是开放性的。古代犹太人一边与唯一的神对话，或者遵循与神的双向性"契约"，一边记载了民族的历史。那种历与其说是吸收多文化（从埃及到巴比伦，再到亚西利亚）的过程，不如说是针对那个时代的中心文化来确立作为周边存在的自我同一性的过程，他们的律法以及仪式与那样的历史过程有着密不可分的关联。其目的不在于说服别人，而在于说服自己，他们的律法以及仪式将自己与他人严格区分开来，明确民族共同体的界线，使历史的一次性和特殊性更加醒目。韦伯指出：使那种封闭的文化精神空间的界线对外开放的是基督教，特别是圣保罗的传教活动。[①] 他们一方面将犹太民族的历史作为《旧约圣经》加以吸收，将之与律法以及割礼分割开来，试图超越共同体的特殊性来创造普遍的价值体系。"人之义不是因为律法之行为，而是因为相信基督耶稣的信仰"

---

① 基督教的救恩论将犹太人从他们自己建造的犹太人居住区解放出来。这种情况下，正是在基督教的救恩论的中心部分，保罗的传道与发源于捕囚之民的宗教经历，甚至与被埋没了一半的一种犹太教的教义联系在一起（《古代犹太教》上，岩波文库，1996年，23页）。

原文如下：

Aber gerade in dem Kern des aus dem selbstgeschäftenen Ghetto befreienden Heilslehre des Christentums knüpfte die paulinischen Mission an eine jüdische, wenn schon halbverschüttete Lehre an, welche aus der religiösen Erfahrung des Exilsvolks stammte.

《加拉太书》）。福音原本与有没有割礼无关，也不管是犹太人还是异邦人。保罗在爱琴海沿岸的异邦旅行传道，在耶路撒冷被捕，死于罗马（《使徒行传》）。他计划去伊比利亚半岛，但并没有实现。后来的传教士在十六世纪的"大航海时代"走向非洲、中南美洲、亚洲，走向全世界。传教活动没有界线。

是什么推进并支撑着欧洲殖民地帝国主义呢？在此我们无法对这个问题进行深入探讨，但至少可以指出两个因素，即经济上的资本主义和精神上的基督教。资本主义的特征是无止境地扩大再生产，其活动原则上必须超越国界，必须无限地扩张其领域。另一方面，基督教对于承诺各种现世利益的地域性信仰体系，提倡普遍的救济原理和合理的"正义"观念。规劝异民族皈依的传教活动尽管在技术上受到制约，但在原理上一直被正当化，应该能无限制地开展的活动。布教是一种使命，如果用世俗的说法来说的话，是"文化的使命"。

膨胀的欧洲文明也具有技术手段。英法在十九世纪依靠压倒性军事实力将非洲大陆分为两部分进行统治。英国海军称霸全世界，从印度到加拿大，从澳大利亚到香港都是大英帝国的版图。另一方面，十七世纪后的俄国向东兼并了西伯利亚，向西南兼并了贯穿北海、黑海的中亚，建立起覆盖除印度以及中国以外的亚洲大陆的大帝国。[①] 在北美，在十八世纪从英国独立的以往的殖民者们征服原住民，开始向西部推进。在西部还有夏威夷、菲律宾。在北西

---

① 英国和俄国这两个帝国主义国家国界相邻接时曾发生过纷争。当南下的俄国侵犯土耳其时，英国和法国共同站在土耳其一边，并将舰队驶进黑海（克里米亚战争，1853—1856）。在统治西伯利亚的俄国威胁中国边境时，英国虽然没有派遣军队，但利用其他一切手段援助与俄国扩张主义对抗的日本（日俄战争，1904—1905）。第二次世界大战后，欧洲被分为东西两部分，在斯大林与英美就希腊的归属问题发生争执时，英美强行介入了希腊的内乱（内乱，1946—1949）。

第二次世界大战后，确定了所谓的"东面"与"西面"的界限，已经不是罗曼诺夫的沙俄与英国之间的斗争，而是苏联与美国之间开始进行"冷战"——那是二十世纪后半叶的世界史——无论哪一方都没有越过界限进行军事干预。苏联没有继承沙俄的扩张主义。莫斯科的政府确实在"社会主义阵营"中毫不留情的行使武力，红军打进了布达佩斯（1956），但没有威胁到奥地利的边界。莫斯科的政策由以往的扩张主义转向维持存在许多问题，特别是经济问题的"社会主义阵营"，在此意义上来说，转向了守势。这与在冷战时代的军备竞争中，在技术上经常处于优势地位的不是苏联而是美国的事实相符合。

苏联解体后的俄国将走向何处还不得而知。

从俄国购买了辽阔的阿拉斯加，在南面侵略墨西哥，侵占了墨西哥将近一半的领土（德克萨斯、新墨西哥、加利佛尼亚等）。十九世纪的美国持续进行帝国主义扩张。欧美帝国主义之所以能够进行扩张，是因为他们具有强大的军事力量。

但是，没有哪个帝国仅仅靠军事力量就能长期维持。为了统治异民族和异文化，除了物理上的强制力以外，还需要将统治正当化的言论。那样的言论对于被统治者也必须有说服力，或者至少统治者一方认为其主张有说服力。那种言论产生于开放型的文化圈中，而不是封闭型的地域文化中。欧洲近代文化的历史背景中有希腊主义和基督教，可以说那两者对异文化都敞开着大门。

中国文明的空间和东亚世界

黄河流域的古代中国一直与周边游牧民族有交往。秦始皇统一中国之后，中国历代王朝的历史有一个特点，那就是：中国方面将周边地区合并、与外族交替、吸收异文化（例如佛教文化以及中亚的音乐），周边特别是西部和北部的外族攻击并征服中国、征服后又被汉民族文化同化，这两种现象反复交替。中国人很早就强烈地意识到了国境外的外族、异文化的存在及其威胁性，从秦汉时代就使用了"东夷西戎南蛮北狄"的说法并开始修筑巨大的"长城"等做法就可以明显看出这一点。唐朝通过"丝绸之路"使从印度传入的佛教走向兴盛（"会昌之排佛"①是对佛教兴盛的一种反动）与萨珊王朝紧密交流，引进了艺术性装饰的"主题"以及技法。诗人们不只是在偏僻的城塞聆听胡歌，而且还在长安的酒肆畅饮胡姬所斟的葡萄酒。碧眼的胡姬就是波斯人。明朝的贸易船在十四、十五世纪越过印度洋，将中国的陶器运往马达加斯加以及非洲大陆东岸。汉民族的帝国要求周边国对其俯首称臣，有时还试图在军事上压制越南以及朝鲜半岛，但并没有超越周边地区无限制地采取扩张主义。他们对于日本列岛也没有施加军事压力。征服中国、建立元朝的蒙古游牧民族曾经那样做过。蒙古人将"丝绸之路"向西推进，在

---

① 会昌是唐武帝的年号（841—846）。武帝弹压佛教，众多僧侣被迫还俗。

撒马尔罕建国,进而占领了欧洲的一半领土。很显然,在他们的帝国从远东到中欧的辽阔版图中,东西文化的交流得到了扩大。①

总而言之,中国的界线从内从外总是被商队以及骑马的军队或者僧侣、外国船只所跨越。中国的文明也与地中海文明一样,是在开放的空间中形成的。

的确,中国文明没有产生欧几里得几何学以及亚里士多德逻辑学。但是在很长一段时期——恐怕直到十七世纪——在众多领域内都是高效和具有独创性的,一直发挥着超越国界的影响力。从表意文字体系到巨大的官僚机构,从发明造纸术到制造指南针以及火药,从陶瓷器到朱子学的形而上学体系。那些技术和学术的普遍性与中国大陆文化空间的开放性难道没有关系吗?

古代日本列岛与朝鲜半岛同样处于中国文明的东北周边地区。根据中国方面的文献(《汉书地理志》)记载,日本当时没有统一政权,列岛的居民(倭人)在公元前一世纪前后形成了百余小国。在公元前三世纪到三世纪后半四世纪初的期间(即所谓"弥生时代",与中国汉朝的时期大致相同),中国文明的压倒性影响波及列岛的南部,并向北传播。那就是稻作文化和金属文化。② 因此,随着生产力的提高,出现了权力集中的倾向。在朝鲜半岛,很早就形成了高句丽的统治,后来又成立了新罗和百济,进入了三国时代。

---

① 军事上占领中国并建立王朝的周边游牧民族,并非只有蒙古人。东北的满族王朝金国在十二世纪打败北宋,占领了长江以北的地区,但没有统治中国全土。长江以南留有南宋的皇帝,金与南宋鼎立。中国再次统一是在元朝将金和南宋灭亡后。之后在十七世纪,满族再次兴起,征服全国,建立了中国最后的王朝——清朝。

清朝与元朝一样,是军事征服者被自己所征服的民族文化同化的典型例子。在清朝,儒学十分兴盛。他们理性地继承并发展了汉文化。但是他们未必继承了明人感觉上的洗练,比如色彩感觉以及水墨画的形象的独创性。扬州八怪似乎也不及明末清初的石涛。在对外方面,与蒙古人无止境的扩张主义相反,清朝不仅没有扩张其领土和权益,反而被外国帝国主义夺了过去(从鸦片战争到甲午战争)。

② 考古学资料显示:北九州出现青铜器是在公元前三世纪左右,以近畿为中心的地区出现铜铎大约在公元前一世纪。据中国文献记载,二世纪时铁从朝鲜半岛传入日本。据说从三世纪后叶到四世纪初大型前方后圆坟的随葬品中有铁制农具(历史学研究会编,《新版日本史年表》,岩波书店,1984年)。如果将石器时代、青铜器时代、铁器时代看作历史的三个阶段的话,日本的青铜器时代是极其短暂的。这想必是石器时代的日本社会突然接触到了大陆发达的铁器文化的缘故。水稻种植的农业技术、金属制农具、家畜在弥生时代从文明的中心向周边传播。

在日本列岛,从四世纪前后开始出现无数小集团朝由几个王所统治的小国集中的倾向。那个时代的遗址有巨大的前方后圆坟。不是法老建不起金字塔,如果王的统治地区没有达到一定规模的话,他们肯定无法建起那么大的墓地。从四世纪到六世纪(即所谓"古坟时代"),一些统治者留下了巨大的古坟。其中一个人在大陆被称为"倭王",虽然他不具有统治日本列岛大部分地区的强大势力。倭王的领地界线并不明确。倭国与朝鲜半岛的三个国家一样,为了扩大各自的统治,相互对立、联合,不断地进行战争。百济与倭的联合对新罗与高句丽的联合(400),百济、新罗同盟对高句丽(548),百济、倭国同盟对新罗(554)。像这样,倭的活动并不限于日本列岛,还参加了朝鲜半岛的斗争。在七世纪后半期,新罗在唐朝的援助下在白村江击败了倭与百济的联合军队,消灭了百济(663)。之后唐朝将高句丽消灭,新罗统一了朝鲜半岛。倭在白村江大败之后,将主要精力从对朝鲜半岛进行军事干涉转向在日本列岛强化中央政权。

总而言之,古坟时代的倭人在政治、军事、技术上的活动空间是以近畿地区为中心的除北部地区以外的本州大部分、濑户内海沿岸、九州北部和朝鲜半岛南部。那些空间内部并不是等质的,包涵异文化,与外部的界线并不明了,直接与不同人种、不同文化相接触。在北面夺取阿依奴人的居住地,在南面与九州南部的"隼人"以及冲绳人接触,在西面向中国大陆的王朝"朝贡"。"朝贡"之后,直到九世纪一直往中国派遣隋遣唐使。① 古代人的生活空间是对外开放的。但是,那些经验和开放的空间概念并没有传承给

---

① "朝贡"是周边诸国与中国王朝关系的典型,是从属性礼仪的制度化,但那并不限于倭人政权。遣隋、遣唐使是日本向中国派遣的外交使节,从日本方面来看含有对等关系的主张(从圣德太子在607年呈送隋炀帝的有名的国书中"日出之天子云云"的表述可以看出)。遣唐使始于630年,终于834年,共十数回。每次的人数大约从250人到500人不等,通常分乘4艘船。航线有从朝鲜西岸北上到山东半岛登陆的北线以及从奄美大岛横跨东海驶向扬州的南线。北线受日朝关系的影响,而南线有季节风的威胁(安倍仲麻吕在归国途中漂流到了安南,回到长安后,被任命为安南节度使,这件事为人熟知)。

遣唐使一行不仅有政府高官及随员、水手,还有学者、僧侣、年轻的留学生等。除外交外,显然还有搜集信息、培养人才的目的。他们将唐朝的文物、书籍、资料带回国,还常常将唐的技术人员一并带回。(移下页)

后世。

七世纪从朝鲜半岛撤退,在日本列岛内部扩大统治领域,试图将权力集中的王朝与统一朝鲜的新罗之间划出了明确界线。两国之间已经不再是在半岛南部和列岛西部形成的同一空间中扮演同一政治、军事戏剧的演员。文化从一方流向另一方,而没有逆向流动。没有信息的交换,信息的单向传递成为主要倾向,那种倾向在政策上最典型的体现就是遣唐使。在日本统一、权力向中央集中的过程中没有产生敏锐内外界线的意识,也没有将界线封锁起来(即"锁国"),而是实行半开放。半开的门可以让信息从外向内流入,却不允许从内向外流出。门完全关起来,信息无法越过界线进行出入,也就是说,在日本社会相信已经充分消化了从大陆流入的文化技术,已经"没有必要向外国学习"的时候,即从停止派遣遣唐使的九世纪起将日本的空间对外封锁起来了。

以七世纪急速推进的统一过程为背景,在八世纪初出现了《古事记》和《日本书纪》。其主要目的是确认王朝的正统性,这对内对外无疑都是必要的。两书首先叙述"神代"的"神"的系统,然后叙述"人代"的关于神的子孙传说以及历史上的天皇系统及业绩。也就是说神话和历史是连接在一起的,众神与王(现人神)之间没有断绝。①大和王朝的国家统一史已经在《古事记》和《日本书纪》的"神代"地方神归顺中央神的神话故事中反映出来了(大国主的让国),并被传说中的第一代王的东国征服谈所承袭(日本武尊的东征)。

创世神话的空间认识

《古事记》、《日本书纪》中都有创世神话,内容大同小异。据《古

(接上页)古代日本的政府为了开展以先进国为榜样的制度改革("律令制")及技术引进(如平安京的都城规划),大规模地将留学生送出国,这与初期的明治政府为了实现"近代化"所采取的措施并无多大区别。

① 十八世纪后叶的本居宣长以《古事记》为根据,强调神和天皇的连续性。之后的"国学家"们与宣长持相同观点。十九世纪中叶的水户学派的儒者也对其表示赞同。明治政府树立的天皇制官僚国家意识形态的中心也是"万世一系"、"神圣不可侵"的天皇。众所周知,二十世纪三十年代的军国主义夸大了那种"意识形态",使其变质为狂热主义。

事记》记载:"天地初发时,于高天之原成神之名曰……",列举了三神之名,相继叙述了在地上成为神的名字。① 因为神是在天地初开时降临的,所以天地并不是由神创造的。另外,也不是先降临的神生了后来降临的神。众神在各种被给定的时点上,在天或者地上独立"成为"神,与以前发生的事情毫不相干。初期的神不是创造某种事物的创造者,也不是被某种事物创造的被造物。直到伊奘诺、伊邪冉尊男女二神的时代,神才开始创造某种事物,即对环境积极施加影响,参加其生成的过程。众所周知,在还不稳固的地上,在"如浮脂"的事物当中造出岛屿,并从天上降临该岛屿,在那里结婚,生下了"大八岛国"。大八岛的范围包括现在的近畿地区、中国地区、四国、九州北部以及淡路岛、对马等岛屿,这与大和朝廷所支配的领域大致相当。伊奘诺和伊邪冉尊造国的神话没有涉及当时不在王权统治下的地区。或许是因为缺乏对日本列岛那些地区的了解,似乎《古事记》的编者们本来就不关注外部世界。当然他们知道中国以及朝鲜半岛的存在,实际上在《古事记》对后面时代的叙述中有神功皇后讨伐新罗的内容。但是,如果中国以及朝鲜半岛不是伊奘诺、伊邪冉尊所生的话,那么是什么时候又是如何"生成"的,对于这些事情书中丝毫没有提及。天地在"大八岛"以外应该也是分开的,但那个时候发生的事情限定在"大八岛"的成立方面,也即是说,关注的空间界线是封闭的。

《古事记》没有对居住在那个空间的人民的起源进行叙述,也没有涉及动植物的起源。天照大神希望其子孙成为统治者,在克服了各种障碍——那些是由恶神所生——之后,降下了迩迩艺命(天孙降临)。其子孙便是第一代天皇(神武天皇)。当时,天照大神称大八岛为"丰苇原之千秋长五百秋之水穗国"或者"丰苇原之水穗国"。"水穗"是种植在水中的稻穗,是"稻穗永远丰收"之意。② 天照大神并非自己最早种植水稻,却强调"水穗国",那一定是直接反映了编写《古事记》的八世纪初水稻的水田耕作得到普及,定居

---

① 引用的《古事记》均是根据仓野宪司、武田祐吉注的《古事记 祝词》(日本古典文学大系1,岩波书店,1958年)的解读。

② 前引书111页,眉批33。

农民的村落起主要作用的社会状况。水田耕作是劳动集约型工作,需要村落的人们共同作业。因此单个农民在较大程度上被编入村落共同体,共同体内外界线不论是在物理方面还是在社会方面都十分明了,后来那发展为村民行为方式的双重性。"水穗之国"包含村落共同体之意,而村落共同体是封闭的生活空间的典型。另外,还存在从朝鲜半岛撤退回来的岛国的空间,另一方面也有进行水田耕作的众多村落的空间,可以说在那里经历的或多或少的封闭的空间体验被投影到八世纪初编写的《古事记》、《日本书纪》的空间概念中了。

冲绳也有创世神话。根据伊波普猷(1876—1947)所引用的《中山世鉴》(1650年)以及《中山世谱》(1701年之后陆续记载的),其内容与《古事记》、《日本书纪》的神话极其相似。首先,天帝让叫做阿摩美久的神下凡,让他在海中造出许多岛屿。阿摩美久从天上获得了用作材料的土石草木。其次,因为岛上无人居住,因此阿摩美久向天帝乞请人之种。天帝让一男一女降临。女生三男两女,长男是最早的国君,次男是最早的按司,三男是最早的百姓;长女是最早的君君,次女是最早的祝祝。国君和按司是政治统治者,百姓是人民,君君和祝祝分别是掌管宗教的公私二职的神女(神职者和司祭者两个系统)。另外,天帝最后接受阿摩美久的乞求,赐下五谷之种(麦、粟、禾之种和稻苗等),这便是《中山世鉴》的创造神话。在《中山世谱》中是男女两神创造了国土,在民间传说中,与《中山世鉴》一样,是天人一人。①

这三个阶段中的第一个阶段相当于《古事记》的生国,第三个阶段相当于水穗之国。关于第二个阶段的居民的起源,《古事记》中没有明确的叙述。就神话的梗概而言,《中山世鉴》整理得比较合理。八世纪初编写的《古事记》和十七世纪中期编写的《中山世鉴》之间大约有一千年的时间差,人们或许可以用这来说明两者的差异。但是,各种神话都是在被记载下来以前就流传着,因此无法确定是多久以前发生的事情。我们无法准确地知道两种神话究竟

---

① 伊波普猷(外间守善校订)《古琉球》(岩波文库,2000年)、《琉球的神话》,388页。

是哪个对另一方产生了影响,在不同时代是否产生了不同方向的影响。不过,许多学者——也包括伊波普猷——认为古代日本的风俗习惯南下至琉球列岛,与大和本国相比后来变化较少,一直保存到最近。如果是那样的话,也许可以将最近冲绳的风俗——那是可以观察记录下来的——与考古学资料结合,由此在一定程度上对古代日本的风俗进行想像。在冲绳的创世神话中,被创造的也是冲绳周边的岛屿,即国王所统治的国土,而不是那之外的大和、朝鲜半岛以及中国大陆。在大海的那一边,是他界,是"仪来河内",只有众神从那里来访国土。① 国土的界线分明,与外部世界的交往是有限的。

封闭的空间

日本在九世纪末的平安朝时期废止了遣唐使。被任命为最后遣唐使的菅原道真指出了唐王朝的衰退,认为日本该学习的都学习过了,已经没有必要冒着航海的危险投巨资派遣大使节团。政府接受他的意见,废止了遣唐使制度。的确,平安朝经历了最初的100年之后,佛教寺院在最澄开创的比叡山和空海开创的高野山呈现出繁荣局面,中央政府统治了本州、四国以及九州的大部分地区。农业生产水平提高(有一种观点认为在平安朝,单位面积的大米收成翻了一番),冶金、制铁、建筑、纺织品、染色、陶业(瓷器除外)等技术发达,发明了假名并得到普及,兴起了独自的文艺(收录在十世纪初的《古今和歌集》中的和歌大部分是在九世纪创作的)。

---

① 冲绳周边岛屿的民间信仰和祭祀各不相同,非常复杂。一般政治权利由男性掌握,而宗教权威则由女性掌握。这是琉球王国所固有的,与大和存在显著差别(在大和,神官原则上是男性,至今如此)。神女有两大系统,其中一个是以王妃为首的"司"(神职者),由她们主持官方的祭祀。另一个是民间的巫女、萨满,她们渗透到民众的生活中,发挥着预言、与死者交流等多种功能。主要神明有来访神和祖神。典型的来访神有八重山的"赤人、黑人",它住在大海彼岸的"仪来河内",造访岛屿带来丰收。海之道与地下相通,神从御岳的低洼处而来,戴着奇怪的面具,以草和树叶遮体,在跳舞之后造访村落的各家各户。在宫古岛的祖神祭上,戴着面具身上涂泥的祖神从死者前往的他界而来。祖神有时会从海的彼岸的"仪来河内"而来,人们在海边迎接它,并把它引至御岳。琉球列岛的精神生活以巫术、祖先崇拜以及丰收神为中心构成。这或许也成了我们想像佛教传入之前大和的精神生活的材料。

在那之后大约300年之间,平安朝文化不是面向外部,而是面向内部。与大陆的政治交流十分有限,基本上没有人员往来(当然与新罗的贸易、佛僧的留学等是例外),基本上没有新学问和艺术的影响。遣唐使废止之后,日本社会与外部界线固定和闭塞的时代一直持续着。平安朝后期(十世纪以后)是第一次锁国时代。

在第一次锁国的300年和第二次锁国(德川时代)的250年之间,有一时期封闭的界线在一定程度上有所开放。在那一时期的前期,中国的禅僧来到日本。在后期,伊比利亚半岛的基督教传教士在日本进行传教活动;在中期,进行过由室町幕府管制的对明贸易、对马的对朝鲜贸易、以冲绳为中心的包括东南亚在内的广泛交易、活跃的走私贸易(据说在暹罗有日本人村)、有名的海盗"倭寇"对中国及朝鲜沿岸的掠夺。但是,在从十四世纪到十六世纪的日本国内,不是处于权力集中的过程,而是处于扩散的过程,那不断给日本带来了大规模的内乱——南北朝之战、应仁之乱、战国时代。在对外关系中与异文化的接触不论在广度还是在深度方面都无法与明朝相比,也无法与伊斯兰以及基督教圈的各国相比。① 在

---

① 在伊斯兰圈,早在十四世纪末,伊本·卡尔敦(1332—1406)就在巨著《历史》的绪论中简述了世界各地的气候、历史、种族、王权等,他写道:这样一来本书就无一遗漏的涵盖了世界的历史(伊本·卡尔敦著,森本公译《历史绪论1》,岩波文库,2001年,30页)。该书的作者在北非度过了一生,曾去过格拉纳达。他不是想写北非的历史,而是想写"全世界"的历史。那个"世界"是圆形的,周围被带状的海洋包围,其内部是陆地。地中海涌入陆地的西北部,印度洋涌入陆地的东南部。大约占陆地三分之一的南部是"酷热的无人地带",最北部是"酷冷的无人地带"。从大致位于陆地中心的叙利亚向东出发,经过印度,到达中国。向西则是威尼斯,最西面是摩洛哥、现在的法国西部。十四世纪的伊斯兰的世界地图,包括了除美洲大陆以外的全世界。

另一方面,早在十五世纪初,明朝的大船队自永乐三年(1405)郑和第一次下西洋之后进行了7次远征,经由马六甲海峡,横贯印度洋,到达波斯湾、红海、非洲东海岸。

从十五世纪末到十六世纪是欧洲人所谓的"大航海时代"。他们向西发现了美洲大陆,向东到达日本。众所周知,日本方面对基督教在日本的传教活动的反应归结为十七世纪前叶的弹压天主教及第二次锁国。十五世纪的日本人的生活,除了扰乱大陆沿岸的"倭寇"以外,主要局限在日本列岛境内。十七世纪以后这种倾向更加彻底。甚至到了十八世纪后半期,本居宣长作为代表性学者主张日本是世界的中心,不同意宣长这种观点的上田秋成说在荷兰人的"世界地图"上,日本只不过"犹如广阔水面上漂浮的细小一叶的小岛"。

第一次锁国期形成的文化——其价值观、感觉的洗练及行为方式的主要特征当然多少受到这一时期的开放性的影响,并被修饰——并没有从根本上被消除,而是原原本本地保留了下来,而且在后来的第二次锁国中被强化、固定下来了。

在内与外的界线明确且封闭的情况下,居住在内部与居住在外部的人的区别非常明显。那种区别在所有场合都被强调,居住在内部的人对同样居住在内部的人和对居住在外部的人采取两种不同的态度,运用两种不同的规则。从这个意义上来说,界线封闭的空间当然并非只是日本社会这一整体。在日本社会中有无数村落共同体,村落共同体中又有"家族"。如果说日本社会内的人是日本人的话,那么日本社会以外的人就是外国人;村落内的人是村民,村落外的人就是外人;在"家族"的内外则有家人和非家人。在此为了方便,如果将所有的集团成员成为"同胞"(insider),将所有集团外部的人成为"外人"(outsider)的话,那么在分析日本的集团的同胞、外人的关系时最为方便的"模式"之一就是传统的村落共同体。

村落的内与外

传统的日本村落多位于峡谷或者盆地,三面或者四面环山。山的前面就是村落的领域,对于村民来说就是内侧、"此处"。山的那一边是外侧,"彼处",即外人所居住的外部世界。其界线非常明确,平地的农村没有像山或者河那样明显的界线标识,那不是因为界线不明确,而是因为至少对村人来说那是自明的,没有必要竖起大的标识。当地人对由村有地、自耕农以及佃农的耕地、地主以及神社的树林构成的村落空间的界线了如指掌。我在二十世纪三十年代多次寻访过关东平原的一处典型村庄,我看不出村落的界线,但村民却非常清楚。村民很少越过界线到外部世界去。就像东京的青年会感叹说"想去法国,但法国太遥远"那样,村里的青年会说"想去东京,但东京太遥远。"从东京跨出国门到外国留学的是少数特殊的学生。能走出村落,到镇上的中学读书,然后到东京上大学的只有地主的儿子。在界线的封闭性这一点上,村落是国家的缩图。反过来可以认为村落构造的持续支撑着锁国的心理。

在界线内侧的村民的生活中,没有由集会及祭礼所代表的"公"与个人的结婚及去世那样的"私"的区别。结婚以及葬礼与农耕、神社的祭礼一样,是村落共同体的事情,地主为死去的祖先举行法事,所有村民都会参加。所有个人被卷入并被埋没在共同体之中,时代越是久远,被卷入的程度就越高。孤立的山村以及孤岛仍保留着古风,曾经对四国山中的椿山村进行过调查的福井胜义先生指出:"那里即使到了明治时代,也仍然与外界隔绝,结婚对象也是村里人"。①

村落共同体的成员村民用两种不同的原则来约束村民之间以及村民与外人之间的交往。从 1945 年至 1946 年,因为避难而在农村生活了一段时间的大塚久雄说:我问他们能不能把小麦、荞麦粉什么的卖给我,他们不太愿意。他们说,都是老乡,说什么"买"啊"卖"啊就见外了。② 那么,村民之间的情形又如何呢? 在那里,所有都被封锁在村落共同体的规则或者说习惯性规则的网眼之中,实物经济在整体上占统治地位。③ 村内没有以货币为媒介的市场经济,而村外当然有那种经济。两者接触后会发生什么呢? 村民

---

① 福井胜义:《火田之村》,朝日新闻,1974 年,282 页。据福井先生称,那个村子有很多表(堂)兄妹结婚的情况,还常常有叔嫂、姐夫小姨之类的婚姻。

忌讳集团内婚姻是所有社会共通的现象。不过,在这种集团的大小(集团内婚姻的范围)方面却有显著的不同。范围极大的有禁止一半人口内部通婚的部族。将人口分为二,属于其中一方的男性(或女性)只能同属于另一方的女性(或男性)结婚。禁止内部通婚的最小范围是"近亲"。例如近代基督教社会禁止近亲结婚。这个"近亲"的范围似乎在古代日本极其狭窄。从"古代歌谣"等文献可以推知,对亲子或者同母异父的兄妹(姐弟)的婚姻是严厉禁止的,而同父异母的兄妹(姐弟)的婚姻至少在一定程度上是被允许的。集团内通婚的范围仅包含父母及同母的孩子。虽然不清楚这与孤立村落的关系,但在封闭的小社会中,婚姻的禁忌范围不得不局限在很小的范围内。如果不这样的话将很难找到结婚对象,因而该小社会的存续会受到威胁。小社会未必是山村,也可能是贵族社会。

② 大塚久雄:"经济学与文化的界限",《国际基督教大学学报ⅢA、亚洲文化研究、亚洲社会的近代化考察 14》,国际基督教大学,东京,1984 年 2 月,7—24 页。(大塚论文是在 1982 年 6 月 25 日完成的)。

③ 第二次世界大战后生活在关东山村的喜田实(本名山田吉彦),也注意到了这点,他指出,在村落内部村民之间不存在买卖,他们将其称为赠答,赠答遵循着还赠与被赠物严格等价(被视为)的规则。

不愿意在村内进行买卖,但如果对方是村外的陌生人——按他们的话来说,就是"外人"、"路人"——村民的态度会突然改变。他们的行为方式对内和对外完全不同。在与村外的人之间进行买卖时,没有均衡价格这类说法,而是凭实力说话,卖得越贵越好。①

村落的封闭性也就是日本国内的封闭性。自古就有移居海外的中国人(华侨),而日本人则没有人从狭小的国土往外国移居。当然那在很大程度上与平安时代和德川时代反复实施的锁国政策有关。但是,锁国政策之所以有效是因为在日本缺乏越过界线向外发展的强烈动机。停留在给定领域内部的社会心理倾向——那种倾向同时意味着对于内部条件的适应能力——催生出锁国(禁止出国)的政策。而锁国的现实又强化了内向的心理倾向。奥古斯丁·伯克引用了有趣的北海道的事例。从中央政府掌控了本州全土的九世纪中叶一直到开始实施殖民地政策的十九世纪中叶的一千年间,"北海道基本上是无人岛"。这是为什么呢?阿伊努的抵抗在十五世纪末就已经结束了。寒冷地带的农业技术并不是障碍。虽然垄断北方贸易的松前藩禁止开拓北海道,但如果开拓运动强化的话,大概没有力量能阻挡它。与对于世界其他地区一样,日本人对于北海道也几乎没有移居的想法。根本原因应该从这一点来寻找。那种想法与村民的想法是一样的。②

为了对村民看待外人的态度进行细微深入的探讨,必须区别外人原所处的地方与该村落的距离。外部有远有近,根据距离的远近,大致可将外人分为两类。远近不完全根据地理上的距离,有时也根据文化上的距离来定义。近处的外部,例如邻村,在人种、语言、风俗习惯方面与自己的村落都一样,具有相似的社会构

---

① 关于村民对"外人"的态度,喜田实的观察也完全相同。

我对于在墨西哥城三种价格体系共存的现象十分吃惊。百货店的商品是市场价格。地铁的票价却是社会主义的价格,尽管都很便宜。而出租车的车费则是根据情况而定。我去的时候正是举行足球世界杯那年。如果司机看出你是外地人车费就贵。如果跟他聊墨西哥足球队的话,就会产生一种连带感和伙伴意识,车费就会便宜一半。这是从外到内的心理移动。

② 奥古斯丁·伯克著,官原信译:《空间的日本文化》,筑摩书房,1985年,165—166页。原著是 Augustin Berque. *Viver l'espace au Japan*, Presse Universitaire de France, Paris, 1982。

造。如果其中一个因素有明显差异,例如虽然住在附近的山林之中,但如果是山野中修行僧侣的集团,则属于遥远的外部社会。一般来说,对从遥远的外部定期或不定期地来访的人,很难对其地域进行特定,那是笼统的远方,是海或者山的那一边。例如神会从那里来,乞丐也会从不能特定的外部来。即使能够对地区进行特定,但那里的风俗习惯与村落的风俗习惯完全不同,难以想像。例如死者所去的他界便是如此。他界在物理上未必遥远,生者(村民)不会去那里,那里发生什么也不得而知。① 从山村看大城市也是如此。例如到刚才提及过的大塚久雄曾经避难的村庄来采购东西的人并不是从邻村(村民熟悉那里的习惯,也能够前往,那里是附近的外部)而是从大城市来的——村民没有去过那里,也不了解那里的风俗习惯,那里是遥远的外部。与从遥远的地方来的人进行交易时即不能运用自己的规则,又不知道对方的规则,所以就不讲规则,只能看谁厉害了。

　　邻村人之间的关系主要有三种。结婚是保持友好关系的一种方式。一方将女儿出嫁,另一方让儿子娶妻。不用说,这种做法扩

---

① 　在日本被广泛接受的佛教他界是地狱和极乐。死后是去地狱还是去极乐由人生前的行为和信仰所决定。也有进行一种审判的说法,这些与基督教相似。但是佛教中没有炼狱。据柳田国男称,在佛教进入日本以前,日本的他界在能俯瞰生前居住的村落的山上。先祖的灵魂在那里守护着子孙的生活,必要之时还会保护子孙。而且会一年一次从山上降临到生前的住处(这与佛教结合就形成了盂兰盆)。但是在冲绳,先祖居住的他界在海的另一边(海的上面或下面),也认为先祖会从那里降临村落。无论哪一种,都是先祖的灵魂从他界降临村落,但活着的村民无法去他界。《古事记》的神话中有这样一个有名的故事:伊奘诺尊为了见死去的伊奘冉尊而追到黄泉。黄泉(他界)是地下的黑暗恐怖的地方。由于伊奘诺尊没有遵守不许回头的约定而遭到追赶,最后好不容易逃脱,回到了生者的世界。这与奥菲士为了带回去世的妻子来到他界,由于没有遵守不许回头的约定再次失去妻子的希腊神话很相似。《万叶集》中有柿本人麻吕为了悼念已故妻子所作的和歌,歌中写道:作者听说逝者所去之处在山的另一边,于是前往,站在十字街头看着来往的行人,却不见妻子的身影。人麻吕听说的他界,没有伊奘诺尊所去的他界那么黑暗和恐怖,而且生者很容易往来于此,不是那么遥远的地方。佛教传入日本以前的日本的他界,由于证言人的不同而有很大差异,因此无从而知。恐怕不同的人有不同的"印象",特别是不同地区不同时代的想法都不一样。不过在此一般将他界视为遥远外部空间的一种形式。虽说"遥远",但也没有"西方净土"那么远。"西方净土"遥远得出奇,是因为那本来就不是产自本土,是喜好夸张的唐、天竺想像出来的东西。日本现世的空间很狭小,包含他界的空间也不大。

大了集团外婚姻（异族结婚）的范围。不过，很少有村民与遥远的外部社会的男性或者女性结婚。

另外，两个以上的村落建立不只是建立友好关系还建立连带关系，村民有时共同与权力对抗进行战斗。从室町时代到德川时代频繁发生的农民起义、集团请愿以及打砸事件便是如此。明治以后有著名的足尾铜山矿毒事件。受害的村民为了请愿试图大举上京，与警察发生了冲突（1900）。由于受害范围涉及利根川流域的广大地区，所以很多村落都参加了抗议运动。但是，在明治以前，相隔较远的地区农民之间连带较少，即使经常发生暴动，也不会联合起来组织统一行动。这是武士权力容易将其镇压的重要原因。一向起义是唯一的例外，以一向宗为媒介，在广阔地区的农民之间诞生了联合组织，从十五世纪中叶到十六世纪末，排除武士的势力，在加贺、越中建立了一种"解放区"。

当然，相邻的村落之间也会发生纠纷。主要的争斗点与水田耕作中至关重要的水利相关，另外还与生活必需品的燃料相关。在日本，很多情况下因为小河川的治水也是村落的事业，所以村落之间发生那一类争斗并不奇怪。那与黄河以及尼罗河的治水需要所谓"亚细亚专制君主"的巨大力量截然不同。日常的燃料是柴火，柴火在森林中就可以捡到。当森林与多个村落相连时，"入会权"，即进入森林的权力在多大程度上属于哪个村落是一个重要问题，那往往成为争斗的原因。像这样，村落与村落之间围绕水利和燃料发生争斗。但是，村与村之间不存在竞争。想比邻村更加富裕，想扩大领域这种意识在村民之间并不强烈。将胜负明确的激烈竞争引进日本的是资本主义和市场原理。

远方和村落

远方和村落的关系是单向的关系。村民不会去很远的地方，但远处的人有时会来到村里。正如折口信夫所说的那样，作为"稀客"的神便是那种典型情况。谷田建一说在奄美大岛神是从山上垂直降临（或者从天上降临到山上），而在冲绳则是水平移动，从海的那一边进来。① 神所居住的地方在奄美叫做 Neriya,在冲绳本岛叫做 Niraikanai("仪来河内"),在宫古岛叫做 Niiriya 或者 Nijjya,在八重山群岛叫做 Niirasuku。在八重山出现的丰收之神"赤人、黑人"是从地下冒出来,而地下被认为与海底的 Niirasuku 是相通的。

神主要是保证稻粟丰收的农业神或者祖先崇拜的祖灵。总之神具有村民所没有的能力,带来稻谷或渔业的丰收,驱赶疫病,有时候帮助他们,有时候胁迫或者惩罚他们。《风土记》中记载的日本岛的神是人看不到的。神不是像旅行者一样访问村落,而是从某处到来——常从天而降——在自然的大树上栖息,或者停留在净化过的特别空间。如果神在那里出现的话,那种超自然的能力就会波及周围。

当然,具有访问村落的能力、比村民地位高的并非只有神。不是居住在特定寺院,而是在全国游历的佛僧——其中有被称为圣、上人,受到尊崇的平安中期的空也。那样的游历上人的活动范围随着时代变迁而有所扩大。镰仓时代的一遍上人(1239—1289)从四国出发,北到本州北部的奥州,南到九州都有他的足迹。在江户时代初期,圆空(1632—1695)从美浓出发游历东日本,足迹还遍及北海道。在江户时代中期,木食五行(1718—1801)从甲斐出发,走遍了从九州南端到北海道中部的全国各地。对于各地的农民、工匠、商人来说,他们是来自远方的精神权威。

收税的官吏也会来到村落,他们是政治权力的爪牙,是村民无法挑战的对象。在这种意义上,代表精神权威的神以及游历的上人与代表政治权力的收税官是一样的。神和圣人的恩惠是祈求来的,而税额则是政治权威以纳税人所不知道的理由,通过他们所不知道的手续单方面定下来的。神和税吏都是作为来自遥远外部的单向信息以及行

---

① 比嘉康雄(图)/谷川健一(文),《琉球列岛·女人们的祭礼》,朝日新闻社,1980 年,130—133 页。

动波及村落,税吏所在的衙门是政治上的"仪来河内"①

另一方面,从遥远的外部造访村落的还有处于村民之下,不被他们平等看待的人。他们是"非人"、乞丐、各种艺人、妓女以及妓女兼巫女。那些作为"贱民"(pariah)而受到歧视的人从不能特定的外部来到村落。

来自遥远外部的人与村落内部的人相比要不地位高,要不地位低,绝不会对等。只有与不远的外部即邻村的人之间才存在对等关系。换言之,除了近处的人,与所有外来者的关系都是不平等的。与外来者的关系决定外部的人的一般"形象"。但是,那并不是说外来者即所有外部的人对于村民来说可以大致分为上下两个范畴。同一外来者既可以是地位高的人,也可以是地位低的人,或许远方的来客大多是这种情况。例如从平安朝到镰仓时代,有一种被称为白拍子的歌舞现实生活的卖艺者。他们受到歧视,村里人谁也不会与他们结婚。但是,他们之中有人成为高官府邸的座上宾,而那在农民是想都不敢想的。举个极端一点的事例,他们中有人出席像《平家物语》所讲述的平清盛之宴那样盛大宴会。另外,虽属例外现象,有人甚至还住到后白河法皇的宫殿中去了。社会地位低的卖艺者有时也能够获得地位极高的特权。据说在室町时代,有名无名的山岳住了很多在野外修行的僧侣。一方面他们被认为具有祛病消灾等村民所不具有的能力,经常有村民向他们求助,另一方面,假冒的人也很多,他们因无能而受到村民轻视、被村民提防,以在山野修行的僧侣为主人公的狂言生动地反映了这一现实。另外,大约在同一时期,在地方巡回的能乐演员作为卖艺者没有受到村民的平等对待,同一演员却在京都为将军进行过表演。他们的社会地位比农民要低,同时又要高很多。这一点从世阿弥自身留下的话语也可见一斑。连歌师松尾芭蕉十七世纪末在

---

① 在国家层面上,精神(宗教)权威与国家权力(王)密不可分。其中一种情况是天、神或者教会确保王的**正统性**。这种情况下王(或者皇帝)本身并不是神。近代日本主张明治天皇是神的事例比较特殊。二十世纪前半期提出的"祭政一致"的口号在发达的近代国家更是特殊。因为天皇是"现人神","上官之命即为朕命"(《军人勅谕》),所以丝毫不能对以天皇为中心的国家权力的意志进行批判,日本的人民不是国民,而只是"臣民"(《大日本帝国宪法》),他们只能听从命令。祭政分离的实现要到战败后"祭政一致"体制瓦解之后。

各地旅行,他在旅途受到了俳谐连歌爱好者及各地豪族的欢迎,他偶尔在武士家落脚,却并不是十分受欢迎。芭蕉在俳谐爱好者之间受到最高的评价,而在武士社会地位较低,与农民则没有太多的接触。总之,他同时拥有在俳谐界的全国知名度和在一般社会中卖艺者的地位。弟子们尊敬他,武士们轻视他。丝毫没有对等的关系。

这种封建社会典型的不平等的内外关系——与邻村人的平等关系是一种例外——长期存在,至少持续了 1000 多年,因为那样的缘故,不仅在村落层面,而且在日本社会的所有层面上都产生了一种将所有人际关系还原为与对方的上下关系的强烈心理倾向。

在国际关系的层面上,日本至十八世纪末的德川时代,一直以中国文化为典范。例如知识阶层用古汉语撰写他们的著作。这种文化方面的上下关系即使在锁国期间也没有改变。但是到了十九世纪,中国在鸦片战争中败给英国,在那十几年之后,采取锁国政策的日本对于驶入江户湾的美国舰队束手无策,接受了不平等条约,同意开港。中国不再是令人敬仰的典范。英美具有压倒性的军事力量,而军事力量的背后是技术和工业生产力,技术和工业生产力的背后则是产生这些的社会制度。明治维新使日本将学习的典范由中国转向欧美("脱亚入欧")。因为日本共同体对外国要不尊敬,要不蔑视,不习惯对等地看待,所以对已经不被敬仰的中国或多或少不得不有些轻蔑。荻生徂徕取的是中国式的名字,据说有的儒学者甚至睡觉时都不把脚朝向圣人国家的方向。把京都比拟成洛阳、"洛中洛外"的说法一直沿用到前不久。那样的日本人突然对中国人抱有偏见、歧视的意识,大概不只是因为日本在甲午战争中取得了胜利。原本对于日本人来说,遥远的外部的人如果不是"神"的话,就是"非人"。

日韩关系也是一样的。如果说文化起源于中国的话,那么周边国家的地位根据离中国本土的距离而定。德川时代的儒学者诗人将自己写的诗出示给随朝鲜使节来日本的学者,朝鲜学者说那完全不像日本人作的诗,那显然是得到了权威的认可,是至高无上的光荣,不但不会反驳说那是干涉内政,反而十分感激,以至于将那段逸闻刻在自己的墓志铭之中。尊敬中国则尊敬韩国,蔑视中国则蔑视韩国。众所周知，在甲午战争、日俄战争中获胜的日本吞并韩国，乘第一次世界大战之机侵略中国（出兵占领山东、提出二十一条、树立满洲国傀儡政权、对华发动全面战争）。韩国沦为日本殖民地之后，在1923年的关东大地震的混乱之际，仅凭几句流言蜚语——且不谈那是不是警察或者其他人编造出来的——警察以及武装"自警团"就虐杀了许多在日朝鲜人。那种凄惨的集团性歇斯底里的爆发不全是由地震后的混乱造成的，如果没有蔑视朝鲜人的极端歧视意识的话，那样的事情大概不会发生。

日本对美国的看法也是发生了几次转变。在幕府末期，将美国视为威胁。在维新后的工业化过程中，将美国视为楷模、西洋的一部分；在太平洋战争的宣言中，美国人是鬼神畜生；战败后，美国再次成为楷模。日美关系从来就不是对等的。美国与日本隔太平洋相望，总是比日本先进、强大。这一现实不会改变。但是，日本方面对于那种差距的现实反映却因时代、人物、组织而有所不同。就政府而言，在战争期间不可能追随美国，因此声称美国在"物质力量"（那是可以进行比较的）方面占优势，而日本则在"精神力量"（那无法进行比较）方面更胜一筹。"精神力量"指战斗意志、勇气、忍耐力以及神灵的保护等混然的一个整体。由此产生了"神州不灭"、"死为护国之鬼"、"一亿一心的火球"等各种各样用于宣传战争的口号。那样的"口号"无法验证，因此大部分国民对之半信半疑。但是，其中也有能够验证的命题。例如，如果美军轰炸机飞到宫城上空，神风会将之刮落。这种说法是真是假，在美军飞机飞到宫城上空时自然就知道了。被夸大的日本人以及日本神明的能力，那恐怕只是将劣等感颠倒过来的夸大的妄想，那种做法并非只限于战争期间。另外，不仅政府，"媒体"中也存在同样现象。在二十世纪八十年代"泡沫景气"的时候，各个领域的贤人（被视为贤人的人）在报纸杂志上一个劲地鼓吹"日本世界第一"。

弱者对于强者能够采取的态度，不论是在个人之间还是在国家之间不仅有将劣等感颠倒过来的"逞强"，还有可能是"大树底下好乘凉"的战略。事实上，在二十世纪初日俄关系紧张之时，日本政府与英国结成了日英同盟；在二十世纪后半期，为了应对冷战，日本接受了日美安全保障条约，在外交政策上追随美国半个多世纪至今。那种做法有其合理性，但也有损害国家的独立和尊严的一面。总而言之，不论是缺乏底气的"逞强"，还是一边倒的"大树底下好乘凉"的做法，日美间没有对等关系。① 村民与远道而来的外人之间的传统关系在今天依然存在。

空间的三种特征

被明确的封闭界线所环绕的共同体生活是如何被结构化的呢？日本传统的村落内部是如何被分节化，如何形成秩序的呢？江户时代以来关东的典型村落有两种类型。第一种是以被森林环绕的寺庙、神社以及地主家为中心，那周围有村落，村落四周是广阔的耕地；第二种是村落（或者小镇）呈细条状分布。这两种类型并不限于关东平原，基本上能在整个本州岛看到。在村落的大小农家以及寺庙神社的建筑内部，有一些引人注目的特征，那些特征或多或少在整个村落的空间秩序中反映出来。

第一，"深处"的概念。

据《岩波古语词典》的解释，"深处"是"外"、"端"、"口"的反义词，与"洋面"同源。原义指在空间上离入口较远处，是不示于他人的重要场所。在冲绳，至今仍有一种在山岳迎接从大海的彼方、从洋面来的神的祭祀，山岳就是森林的深处。从森林的入口——那里有时设有简单的标记，有时什么也没——到深入处，有除了参加祭祀的女性以外谁都不能进入、不能示于人的秘密场所，神就停留在那里。那是神圣的场所，非常受到重视。"深入"是一种移动，因此"深处"不是指固定的一点，而常常意味着方向性。越是往"深

---

① 战后日本对美国的一边倒不仅仅体现在政府的外交政策上。例如，许多国民虽然不会讲英（美）语，但喜欢使用模仿英语发音的片假名词汇。在应该写"桥"的地方却写"ブリッジ"，应该写"路"的地方却写"ルード"。这是为什么呢？那并不是为了不懂日语的外国人。首先，外国人很少经过那座桥、那条路；其次，即使外国人来到那个地方，外国人也不只有美国人。中国人能看懂"桥"、"路"，却看不懂"ブリッジ"、"ルード"；第三，不懂日语的英国人也看不懂那两个片假名词语。所以，模仿英语的词汇必然是为了日本人而使用的。即便如此，为什么比起普通的日语更加偏好片假名词语呢？我是无法理解。正因为如此，日美关系与中美关系、法美关系有着根本的区别。

处"走,空间的神圣性就越大。不仅冲绳的山岳,神社的建筑空间也是以走向深处的道路为轴线而被结构化的。参道→一般人能够进入的拜殿→只有神官才能进入的内殿→谁都不能进入的神座,如果沿着这条轴线前进的话,空间的秘密性和神圣性也逐渐增强。那是向深处的接近,是移动的方向性。

在世俗空间中如果向深处移动的话,私密性就会增强。从住宅的玄关向客厅,从客厅向起居室,再到卧室。不用说,深处是不示于人的重要场所。"不示于人"的程度在世俗的建筑空间不如宗教空间那么严格。但即便现在,与美国中产阶层的习惯相比,日本的家庭没有将家庭的生活空间出示于人的习惯,深处也就是秘处。为什么会那样呢?私人生活空间的秘密性无非就是空间界线的封闭性。那恐怕是由产生村落界线封闭性的同一社会心理倾向所带来的。它将家庭的日常生活与外部隔绝开来,想要强调内外的区别,完全不是因为在家庭内部个人的愿望以及行动受到尊重。在深处——至少直到太平洋战争以前,那里居住的是将所有成员编入、吸收、施加强压的传统家长制大家族。

第二,对水平面的强调。

世界上有强调垂直线、高高耸立的宗教建筑。有的建筑在高高筑起的石造金字塔上设置神殿(例如玛雅);有的寺院本身就是高层石造建筑,外壁装饰着无数的浮雕像(例如南印度的印度教寺院);伊斯兰教的清真寺上有几座尖塔,尖塔向信徒告知礼拜之时;十二世纪以后哥特式欧洲大圣堂常常在正面入口的两侧设置高高的钟楼,在内部从支柱朝向尖塔的楔形屋顶,所有线条都指向天空;北欧的村庄教会有石造、木造、砖瓦造的,钟楼比较低,不过屋顶中央的尖塔指向天空,就像康斯太勃尔所描绘的那样,今天的英格兰田园风光仍然由缓缓起伏的山丘之间的牧场、牛群、小河,以及地平线处的树林,在树林上方突现出来的小教区教会的尖塔构成;在巴黎大区的风中起伏的麦浪和高耸的白杨林荫的远处,大概也能看见教会的尖塔。但是,在日本的田园则看不到那样的风景。在日本不会有像高耸的白杨林荫、教会的尖塔那样的明了、没有妥协余地的垂直线。

在日本,即便是宗教建筑也是平房或者两层的楼房,在地表铺开,而不会朝天空耸立。神社没有塔。的确,部分神从"高天原"降临,"高天原"似乎在比天上还高的山顶上。另外,《古事记》中也没有神灵降临完成工作之后又回到上天的故事。在地上住了一段时间之后再回到天上的不是八百万神,而是织女、天女以及民间故事中的仙鹤。神社大概没有理由与上天发生关联,佛教寺院的五重塔算是例外。但佛教首先是外来宗教,五重塔是外来宗教造型表现之一佛塔的"日本化"。其次,在中国有大雁塔那种较高的佛塔,而在日本最多也就是五重或者三重,宽幅的屋檐在四方向水平方向伸出,将垂直线隐藏起来了。塔的日本化即是塔的非塔化。常见的五重塔并不说明日本建筑也追求高度,而是说明在日本,即便在宗教建筑中也没有指向上天往高处攀升的倾向,或者说那种倾向非常微小,而沿着水平面来构成建筑空间的倾向则相当强烈。

宗教建筑尚且如此,那世俗建筑就更不用说了。住宅从天皇的离宫到大名的府邸,从城里富商的宅院到佃农的茅房,不论在哪里差不多都是平房或者二层的建筑。多层的宏大建筑是在明治以后引进西洋的技术以后才出现的。例如,二十世纪初"丸之内大厦"是八层的钢筋水泥建筑。但是,其外形并没有由重视横向线条转向重视纵向线条。第二次世界大战之后,才出现重视纵向线条的高层建筑。但是,传统的木造非宗教建筑中并非没有例外。那主要是在德川时代初期大名在他们所居住的城镇建造的天守阁,其主要目的大概是为了对领地内的居民进行威压。其军事价值令人怀疑,他们已经不希望打仗,实际上也没有发生战争。

日本的建筑沿水平面铺开。茅草屋看上去像是从脚下的水田中冒出来的。遥远的山坡上沐浴着夕阳而闪耀着的白壁支撑着与秋天的山坡地表融为一体的协调感。那一瞬间的那种风景有必要舍弃吗?在此时、此地、此岸的现在,不论如何也不会朝彼岸超越,因此风景中的建筑空间才会被洗练得无限纤细、微妙。

崇尚水平不只是建筑空间的特征。日本舞蹈演员的脚在地板上挪动,双脚不会同时离开地面。舞台上演员的动作也是一样。在能乐舞台,演员时而横向、时而纵向活动,但不会上下移动。歌舞伎的舞台使用布景,各种设备相当发达,但设备多是长方形的,演员的动作也集中在左右,而不是上下方向。有时也会出现从下面升起的情形，但神佛基本上是不会从舞台的天花板上降临。就连穿着羽衣的天女也不是在空中，而是在平原的松树丛生舞动。日本的唐璜不会在二楼的阳台上唱牧歌，日本的罗密欧不会用绳条或者梯子爬到朱丽叶二楼的窗子里。总而言之，演员不会上下移动。舞台的想像空间在水平面上被分节化、结构化。一般来说，日本文化中的空间具有以水平轴为中心展开的强烈倾向。

第三，"扩建"思想。

住房的原型是单间房屋。如果居住的人需要更大的空间，就会在同一块地皮上，或者在附近再建一间房屋。如果第二间房不是独立的，而是用走廊连接起来或者两间房者共有一面墙的话，那么就成了一处房屋的"扩建"。扩建原则上可以一直持续下去。那样做一方面具有能够应对随着时间的变迁而产生的需求的优点，同时也有当初无法预见那种由几间房构成的建筑**全貌**的不足。另一方面，可以一开始就预想到长期的需求，不是建一间房，而是考虑好整体的大小和形状，首先把框架定下来，将其中的空间进行分割，建造必要的、或者预计将来会需要的几个房间。这种方式的优点是能够实现整体上的协调，不足是当需要预想外的空间时将难以应对。总而言之，第一种扩建方式从部分出发走向整体，第二种被称为计划方式的做法从整体出发走向局部。

一般来说，宫殿、大寺院以及纪念死者的庙宇那样的纪念碑性的建筑多采取有计划的方式，而大部分住宅、商店、工厂常常或多或少含有扩建方式的要素。不论在哪个时代，在哪种文化中，这两种方式都是混杂在一起的。但是，就重视、强调哪一方面而言，不同文化之间的差异十分明显。北京紫禁城的中心部分左右对称的布局完全是根据计划建成的。在北京，就连传统住宅都是按照计划呈左右对称的布局，没有扩建的余地（四合院）。在法国，凡尔赛宫包括庭院在内全都有计划性，哥特式教堂也采取完全相同的方式，不过农家屡屡采取扩建的形式。伊斯坦布尔的托普卡匹宫殿是一种扩建的"复合体"，在宽广的地皮上到处建着不太大的建筑物，在整体上显然不具有计划性。对各种建筑物的大小以及建筑群的整体布局不太关注，而是将注意力集中在建筑物内部的细部，在这一点上，托普卡匹与紫禁城以及凡尔赛宫形成对照。在日本，大寺院并非没有计划性。但是,寺院建筑受中国的影响较大。脱离了中国范例的宫殿,例如桂离宫采取的是扩建方式,它体现了日本建筑家的感受性,这与筑建了托普卡匹宫殿的土耳其人的感受性相近,并且进一步升华了。人们在熟悉了扩建方式之后,下工夫将那种实用的优点提升到为审美的优点。从世界各地搜集的托普卡匹的宝石已经不知流向何方,留下的只有几何学空间绝妙的协调感。

但是,扩建方式不只反映在个别建筑物上,更多的是反映在村落以及城镇的构造上。京都的原型——长安的大都具有都市计划、秩序井然。另外,都市的计划性建设,在欧美从近代开始也兴盛起来。例如十八世纪末设计的华盛顿 D.C 以及奥斯曼男爵的巴黎具有放射线形状的构造,纽约曼哈顿也呈现出棋盘状。但是,许多城市,无论是过去还是现在都是自然形成的,而不是根据覆盖整体的计划发展起来的。那些是根据每次的需要不断增加新建筑物的扩建型都市。特别是在日本,京都是唯一的例外,大概可以说所有城镇都是根据发展的需要建成的扩建型城镇。当然就城镇的一部分而言,也有小区划内的计划,也有以防灾为目的的区划整理。但是,那些不是包含复杂城镇功能的综合计划。东京在1923年的大地震以及1945年的空袭中二次化为废墟。通过扩建的过程,从废墟中像不死鸟一样再次呈现巨大的"混沌"状态。

东京地铁的施工或许最好地象征了房屋、城市的扩建思想。法国人在十九世纪末一口气建成了覆盖巴黎老城区的地铁网。计划非常周密,即便在过了一百年的今天,就老城区的交通而言,没有必要增加一条新路线。我们日本人在战前开通了一条地铁,在战后每五年扩建一条路线,现在东京大部分地区能够乘地铁到达,人们认为路线更多一些会更加方便(或者能够挣更多的钱),所以地铁施工现在依然在持续。扩建原则上能够无限持续下去。过去当森鸥外撰写题为《正在施工》的著名短篇小说,对日本社会的"现代化"进行批判的时候,或许认为施工是过渡期的做法,总有一天会消失。但施工实际上就是扩建,就像东京地铁施工一样不知会持续到何时。扩建的思想渗透到了日本文化的深处。

从扩建主义可以预想传统空间意识的两种特征,即偏爱"狭小空间"和忌避左右（上下）对称。后者也可以说成偏爱"非对称性"。扩建主义的背景中存在不是从整体到细部，而是从细部到整体的思考倾向。那种倾向当然带来了将注意力集中在细部即"狭小空间"的心理倾向。"狭小空间"独立的话，就会出现永乐烧茶碗"景色"的洗练、在坠子的雕刻上投入的令人叹为观止的精力等情形。另一方面，对称性与对象的整体设计相关。对称是将相同大小、相同形状配置在一根轴线或者一个平面的两侧。扩建不会带来对称的结果。日本文化中的空间特征不只是缺乏对称性，同时还具有有意识地，几乎是有计划性地回避"对称"的倾向。例如桂离宫的建筑物入口处所铺的石头的配置避免具有目的合理性的一定幅度的直线型左右对称性，是不规则的。

从十五世纪到十六世纪——而且在那以后一直继承到今天——茶室文化使这两种特征升华为所谓艺术理想的形式。关于这个问题，将在第二章结合具体作品探讨艺术空间处理方式时再详细论述。

社会空间的原型既是村落，也是房屋。这个问题将成为第三章的主题。问题应该会从那里持续到作为农村共同体的"村落"基本上消失、作为家长制家庭制度的"家"瓦解之后的状态。

第二章　空间的各种表现

建筑空间

茶室的空间

　　村落共同体所占有土地的界线原则上是明确的,在社会性方面居住在村落内的人和居住在村落外的人的差别是很明显的,在这种意义上村落的空间对外是封闭的,这些已经在前文中论述过了。村中农家周围附带有并非用于耕种的大小私有地,我们暂且称之为"庭院"。这种庭院当然不是用来观赏的,而是用于农业生产的空间,或者用来盖农具仓库、牛马棚、饲料的贮藏室、收获物的加工贮藏室。那与外部——邻居家的土地以及道路等——之间常常用篱笆隔开。住处对于庭院是开放的。在典型的农家,屋内有不铺地板的房间,房间的地面直接与庭院相连,至少白天入口的门一直是开着的。起居室比不铺地板的房间要高一个台阶,并铺着地板。恐怕在德川时代以后在地板上铺榻榻米的比较多。面向庭院的一侧几乎没有墙,在房间外侧,木板屋顶的檐廊面向庭院敞开,檐廊与房间之间只有纸拉门相隔。把纸拉门拉开,房屋内部与庭院就成为一个连续的空间,家人在那里生活、劳动,将那里全部用于农业生产。

房屋对于庭院的开放性并不意味着生活空间对外部的开放性，因为庭院只是房屋内部的延伸。换言之，庭院侵入到了房屋的内部，房屋中没有严格意义上的内部。日本大部分农业人口居住的空间是双重封闭的空间，即村落共同体地域和那当中的私人小空间即房屋、庭院的复合体。私人小空间内部的区分并不明确，房屋内部与庭院以套廊为媒介相连接，房间与房间只是勉强用拉门以及隔扇隔开。

当然，门窗大这一住房构造的特色与自然条件的作用也有关系。日本列岛的大部分地区，与东北亚大陆的中国以及朝鲜半岛相比冬天不是特别寒冷，但夏天的高温高湿令人感觉不适。取暖设备不完备、通风较好的住房具有一定程度的合理性以及技术上的可能性。众所周知，日本的传统房屋不论在哪个时代、在何处基本上都是木造的，木造建筑是由支柱支撑屋顶的构造，墙壁不起支撑作用。因此侧面可以随意敞开。而在以石造以及砖造为主的南欧则不具备相同条件。

随着那种农家建筑作为一种样式固定下来并在全国普及，出现了一种与农家建筑目的完全不同的，也就是说以美为目的的茶室。茶室利用农家建筑的样式，对之加以改造、提炼，到达了一种新样式。更准确地说，那是常常被视为集中表现"日本式事物"的利休茶道的体系和其中的茶室空间。茶室不是与庭院相对的建筑，而是庭院的一部分，而庭院则是茶室在空间上的延伸。将建筑及其近旁视为构成要素的空间观念把农家建筑与茶室连接起来。不同之处在于支配前者空间的是劳动，而组织后者空间的则是对美的关注。但是，在此处关注的不是寻求保守的、传统的美的价值，而主要是"参与"非常革命性的破坏传统的价值观。《南方录》引用藤原定家的和歌"放眼望无花亦无红叶"，"鲜花、红叶"的奢华壮丽是传统，而"浦之苫屋"清贫质朴的"闲寂"则是革命。对宋磁以及李朝名作的评价是保守性的，而发现井户茶碗以及长次郎的陶器则是革命。利休将茶室缩小，最终成了二张榻榻米大小的待庵。那作为款待客人的空间恐怕小到了极限。如果说日本文化和技术产生的最大木造建筑是东大寺大佛殿的话，那么最小建筑则是利休所设计的茶室。待庵所用的木材不上漆，用带皮的圆木料做柱子,土壁上不做任何处理。室内装饰除了茶道具之外只有一枝花和一幅挂轴,据说利休喜爱墨迹挂轴。那间小巧、不显眼的建筑想必静静地融入了种满花草的庭院的环境之中。更准确地说,利休大概是将建筑物与环境作为一个空间设计的。在那里,建筑与环境并不对立,也不与时间抵抗。建筑具有否定它自身的构造,那是对随着季节变化,随着时间而消逝的人生的——如果借用利休的话来说的话就是"无常感"的表现。为此,"闲寂"的茶室空间设计者极度地限制了能够利用的手段——多样的材质、多样的色彩以及形状、高度发达的技术,即表现手段的多样性。但这并不是像许多农家建筑那样是因为经济上的原因。据说利休得到喜爱茶道的独裁者丰臣秀吉的信赖,享有三千石俸禄的待遇。另外,也不像西洋十二世纪的西笃派僧院那样是因为在宗教思想上的彻底禁欲。与利休交往密切的禅僧们并没有像圣伯纳德严格要求修道士那样去监督利休。利休把茶室设计得那么简朴,是由于他在艺术表现中将手段的丰富和表现的丰富理解为两种不同的事情。所用音素的丰富性未必能提高音乐的水准,绘画工具的多样性未必能保证绘画的表现性,所罗门的大束鲜花有时不及一朵野百合。在十五,十六世纪的日本,并非只有利休这样来理解。例如世阿弥曾经对能乐演员说:不要为了演出效果而说过头,表演过头。他强调"静止"的余韵,指出静止沉默的时间有可能表现丰富的内容。很显然,那是艺术表现的一般问题,而不是"日本的特征"。在支柱的雕刻、窗户玻璃上的图案、壁画等所有装饰都被禁止的时候,西笃派修道士们只能通过建筑物构造的协调来美化他们的礼拜堂。在那里,几何学构造本身在咏唱动人的歌曲。将排除了所有圣像的伊斯兰清真寺建在科尔多瓦的回教徒们通过配置无数支撑巨大圆顶的支柱,营造出了令人惊叹的充满魅力的空间。在那些支柱之间穿行,会产生一种异样的感觉,支柱之间的距离时宽时窄,不知道是自己在移动还是柱子在移动。无论是遍布西欧的西笃派修道士,还是从印度的德干高原经过伊斯坦布尔遍及伊比利亚半岛广阔区域的回教徒,都懂得以有限的手段来使建筑空间充满活力。

不针对环境强调自我的"利休所喜爱"的茶室特色不是使用常见的素材使内部空间结构化,而是使细部无止境地升华。以墙壁为例，房间本身就狭窄，作为其中一部分的墙壁平面就更小了。如果舍弃周围只关注平面的话，没有粉刷过的墙的质感、明暗以及色调显得极其复杂微妙，那甚至让人产生一种是在观赏抽象画的印象。那或许会让我们想起乔治·布拉克(1882—1963)用混入沙子的灰色营造细腻的明暗。而且茶室追求细部洗练的意图并没有停留于此。茶室中有茶碗，把它放在手中旋转的话，"景色"就会移动。"景色"会根据角度不同，随着茶碗外侧的釉色变化呈现出复杂的状态。从庭院到茶室，从茶室到茶碗，从茶碗到景色之"变"，最后是被茶碗内侧的红色、灰色或者黑色所环绕的茶的绿色与周围在色彩上形成对照。追求空间细部的美感洗练到那种程度的事例恐怕不多见。那是十六世纪在日本发生的美学革命，那种影响延续至今。

崇尚水平线

日本建筑空间的特征之一是对水平线的热烈崇尚。强调高度的建筑较少。大陆的佛教寺院屋顶的斜坡在传入日本之后趋向于平缓。檐头翘起的部分只留下一点点痕迹，几乎成了直线，排列在棱线上的除魔小塑像也基本上消失了。

例如，唐昭提寺的美丽屋顶。鉴真和尚自中国而来，但屋顶的陡坡和大幅度翘起的建筑风格没有传来。就连由和尚创建的寺庙（八世纪）也是如此。无论是神社、寺院还是住宅很少有超过两层的建筑。内部空间也根据需要沿水平面铺开。伊势神宫也好，出云大社也好，都没有附属的塔。寺院的建筑群包含佛塔。那在中国高的有13层，而在日本几乎都是五重塔或者三重塔，比那高的建筑极少。不仅在中国，在西洋从中世纪起，也有在教会建筑中建高塔的倾向。例如威尼斯圣马可广场的塔的高度接近100米（十二世纪）。伊斯兰清真寺的"唤礼塔"(Minare)也很高。为什么日本人在九世纪掌握了木造建筑的建筑技术之后也没有努力去建造高层建筑呢？

众所周知，在五重塔中，建成让人从下往上仰视的例子比较少。不是在与正殿同一平面，而是在地势较高的山地斜面修建五重或者三重的塔。例如，如果从高高的石阶上眺望宝生寺（九世纪）的五重塔，塔的高度看上去超过五层。净琉璃寺的小三重塔如果从正殿隔着水池望去的话，因为处于对岸山丘的山腰，所以给人以远望高塔的印象。在世俗建筑方面，在十六、十七世纪初到处兴建的天守阁的遗址在许多地方城市都保留下来了。有的建在与城镇同一平面上（江户城），有的建在城镇或者郊外的小山丘上，周围都修筑护城河，用大石块加固，或多或少城堡化了（熊本城）。与五重塔的情形一样，天守阁的设计者并没有漠视建筑物的高度所产生的影响。

但是，五重塔和天守阁的共通之处是在外观上都不强调指向天空的上升垂直线。向五重塔四周延伸的楼厢将所有垂直线切断。那里所有的线条都不会向上延伸，更不会在顶端汇聚。天守阁的楼厢较小，白色的墙壁大多比较显眼，但看不到细长窗户及贯穿上下的柱子的线条。五重塔和天守阁都力图表现高度，但并不是哥特式那样的垂直样式。

五重塔的内部空间一般只使用第一层。那本来是用来摆放佛舍利的地方，后来有时也摆放佛像、经卷、高僧的遗骨。高度与从外面所看到的一样，开门进入塔内，只有天花板和地面之间四方被墙壁环抱的狭小空间。天守阁的话，有楼梯将上下层连接。但是，每层的房间的天花板同时也是上一层的楼板，那不是通透的空间。因此，只有在从环绕房间外部的回廊眺望外面的景色时才会感觉到它的高度。天守阁不是仰望天空的地方，而是俯视地下的立足处。

便于眺望也有军事上的意义。从十四世纪到十六世纪末的内乱时代的山中要塞便是一例。但是，进入德川时代以后建造的天守阁基本上没有了军事上的意义。天守阁的高度是统治者（领主）与被统治者（臣民）在社会等级上的上下关系的象征，其目的在于威慑被统治者。也就是说它是室内的"上段屋"（地板高出一层的房间）的延伸。除了寺院的五重塔和政治统治者的天守阁，在日本没有其他高层建筑。城镇以及村落里虽然有消防望楼，但楼不高，戏曲中蔬菜店的阿七搭个梯子就能爬上去。

不崇尚高度，不沿垂直线展开的日本城镇、房屋自然而然地沿着水平面铺开。那种平面空间的内部是以何种原理被结构化的呢？城镇是根据地形自然形成的,没有能明确定义其整体的原理。或者说没有形式上的原理,而只有功能上的原理在发挥作用。例如建筑家芦原义信用"混沌"这个词来形容巨大都市东京。① 那样说的不只芦原一个人。但他不只是指出那一点,同时也强调东京的功能(安全、公共卫生、邮政、电话等)的效率,将之称为"隐藏的秩序"。我对他的那种说法表示赞同。但我认为从那里再很难谈论"美学"。喝生自来水不拉肚子那是十分了不起的功能,但是支撑公共卫生高水准的秩序不是美的秩序。总之,芦原是想说大城市在美学上的混沌未必意味着在功能方面处于低水准。

单个建筑不是根据混沌,而是根据两种原则沿着地面铺开的。一种原则是向天空延伸的空间——那是西洋中世纪哥特式教堂中典型的空间,与之形成对照的是伸向"深处"空间。从入口向"深处"移动可以说是将仰望尖塔拱形的视线运动横放下来了。另一种原则是扩建。根据功能上的需求首先建一间房屋,同样根据需要加盖第二间房屋,在满足了所有功能上的需求时,或者在预算用尽时,如果还在设计就停止画平面图,如果在施工的话就停止施工,这时"扩建"过程就结束了。最终会变成什么样子,至少在开始动工时谁都不知道。这是与哥特式教堂的根本差异。西洋的大教堂建设有时耗费几个世纪——那样的事例在日本的寺庙神社中恐怕一个都没有,从一开始就知道整个教堂在几个世纪以后会呈现何种基本形态。建筑物的平面图是十字架的形状,主要入口朝向西面。在西方,首先考虑整体的形状,再将之分割,分别筑建用于特殊目的的小空间。在日本,原则上是从部分到整体。

最典型地体现这两种可以称得上是"日本式的"空间处理的特征,即"深处"原则和"扩建"原则的,在宗教建筑上是神社,在世俗建筑上是德川时代的武家府邸。神社的例子不胜枚举,出云大社和伊势神宫是其代表。武家府邸的遗址遍布全国,除此之外,还留下了不少平面图。而且大部分是德川时代的建筑,基本上没有受

---

① 芦原义信:《东京的美学——混沌和秩序》,岩波新书,1994年。

到大陆建筑的直接影响。在思考日本人对于建筑空间的态度时，那些是非常有用的资料。

非对称的美学

很早就有人指出缺乏对称性或者强调非对称性是日本美术的特征。① 这一特征最明显地体现在建筑以及庭院方面。

绘画所描绘的自然对象很多都不是左右对称的。将自然的对象缩小，偶尔扩大，抽象化，之后投影到二维空间，人们绘画恐怕是为了理解环境或者帮助记忆。不论怎么追溯绘画的历史，就算追溯到旧石器时代石窟的壁画，要找到画面左右对称的构图似乎有些困难。

建筑不是画出来的。它不描绘自身外部的所有对象，也不反映环境的所有要素。窗户不是反映外部的，而是对外部做出反应的装置。建筑以及园林是为了进行祈祷、举行仪式或者神事、做生意、家人起居等各种特定目的，建筑家将特定空间按照他自己的爱好进行结构化的空间。建筑物有时严格对称，有时完全不对称。在那里存在对称性的所有阶段，那取决于建筑家及其文化背景。也就是说，一方面有从古希腊神殿到帕拉弟奥（1520—1580）的对称性，另一方面也有桂离宫以及茶室的彻底的非对称性。至于园林也是一样。勒诺特（1613—1700）在广阔的地区将造园的所有要素，如花草丛、花坛、水池、草坪、大理石雕刻、栏杆等作为左右对称的几何学图形配置得井然有序。大约同时代的建造桂离宫的园艺家将日本全国的名胜风景缩小，在狭小的空间中展现。在园林中小径探幽，景色千变万化，那里既没有对称性，也没有几何学的布局。以非对称性为中心的空间分节化、结构化在建筑和园林中都典型地体现出来了。

---

① 例如石井章先生（《威尼斯和日本》，桥，东京，1999年）列举了埃奈斯·谢诺（Ernest Chesneau）1869年在巴黎做的演讲"日本艺术"、维托里奥·皮卡（Vittorio Pica）在1894年发表的著作（*L'arte dell' Extrême Oriente*）。谢诺指出日本美术的特征是"缺少对称、样式、色彩"。而皮卡列举了"第一，出色的色彩感觉；第二，熟练的视觉统合；第三，崇尚非对称"。两者的三点基本一样，都包含"崇尚非对称性"。

大体上来说，中国、西洋、日本的文化代表了建筑造型对称性的三种类型。中国是彻底的对称性文化的国家，日本则是完全相反的彻底的非对称性文化的国家，西洋则处于中间位置。也就是说，在西洋的传统中，几乎所有纪念碑性的建筑物都强调正面的左右对称性。不论是宗教建筑（教会以及墓地）还是世俗建筑（王宫以及市政厅）都是一样的。但是，除了例外的达官显贵的豪宅（例如法国南部的中世纪都市卡尔卡索纳），在私人住宅中极少能够看到对称构造。然而，在中国不要说纪念碑性的建筑，就连私人住宅中也彻底贯穿左右对称的原则。前者的例子有北京的紫禁城，从城内建筑物的布局、建筑物本身的构造，到内部装修的细节，对称性无处不在。一进入高大的城墙内侧，马上就会被因对称性而井然有序的空间所包围。那体现了明朝皇帝的权力和奢华，同时也是空间上的合理秩序，那与遥远的路易王朝的凡尔赛宫的几何学空间相呼应。北京的四合院就是体现中国传统的私人住宅左右对称性的典型例子。四合院当街而建，大门开在正中间。建筑物从四方围绕着中庭——中间常常有树木和水井，各房间都朝中庭敞开。四合院在北部（北京、天津）发展起来，还影响到遥远的甘肃省。①

　　在中国文化中，强调对称性的并非只有建筑样式。在所谓殷周铜器中早就体现出了那样的特征，六朝以后的陶瓷器更将这种特征贯彻到底。另外，众所周知，唐代以后的"新诗"的诗法将对仗的规则制度化了。对仗是概念的对称性配置。类似于对仗的修辞法在日本以及欧洲的诗文中并非没有，但与中国的情形相比，那几乎只是例外。在中国，对仗才是诗法的中心（特别是"律诗"），在散文中对仗也广为使用（六朝以来的骈体文）。对于对称性的偏好贯穿于从都市计划、建筑的外观和内部装修、家具以及器皿到定型诗的概念的构筑之中。这样的事情持续一千多年的话，规则以及习

---

　　① 在距离兰州约110公里的青城，现存50多户清代建造的四合院风格的古民居。虽然我没有见过，但冯进先生有过介绍（"寻访民间文化遗产甘肃省榆中县古镇——青城"，《人民中国》，2006年2月号，34页）。冯进先生说那是因为清代的青城水运发达，各地的商人往来、聚集于该地。

惯被内化，渗透到日常生活之中。① 为什么会产生对对称性的偏好呢？这一点不得而知。其背后或许有作为理解环境的道具阴阳说。将阴阳与正负相对应，将零点置于图的中间，就很容易形成左右对称。不过，在此我们不对这个问题进行深入探讨。

西洋在很长一段时间不了解中国。日本受到中国文化的极大影响，但没有接受对左右对称性的偏爱。当然在以中国为模型建设京都的时候，模型的左右对称性也移入了京都。在"洛中洛外"等措辞中也体现了这一点。不依从大陆样式的日本城镇拥有棋盘状道路的事例恐怕一个都没有（大阪、江户）。法隆寺是一个例外，大佛教寺院的伽蓝布局都是依从大陆样式。以四天王寺（据说是圣德太子从六世纪末到七世纪建造的）为例，在正中的轴线上排列着门、塔、金堂、讲堂，连接中门和讲堂的回廊环绕着塔和金堂。日本的伽蓝布局也有几种类型，但都是左右对称的，因为它们模仿了大陆的寺院。神社的建筑是受佛教寺院的影响建造的。但是，那不是对寺院进行忠实的模仿，而是一种"日本化"。在那里，没有像佛教寺院中严密的左右对称性。"日本化"一直朝排除对称性的方向发展。

如果说中国文化强调非对称性是因为有阴阳两分法的背景的话，那么与之相对的日本文化强调非对称性的背景又是什么呢？沿着街道发展起来的城镇、从农家到武家宅邸的建筑平面图、桂离宫的建筑物和庭院、茶室以及相关的审美观——那些无论何处都不包含对称性的空间秩序是以什么样的文化特征为条件而形成的呢？

日语的定型诗中很少使用对仗。日本的"诗论"即平安时代以

---

① 中国人对左右对称的崇尚至今存在。例如在买花瓶等摆设或大盘子之类的装饰品的时候，中国人常常凑齐一对，摆放在居室的架子的左右。然而在同样的店里日本游客一般只买一个中意的东西作为礼物。为了知道是否真有此事，我曾向三位中国学者朋友和两位熟知中国的日本人确认过。五位马上给出了肯定回答。在现今的北京，四合院已被破坏，到处是没有审美价值的钢筋丛林。但创造出四合院的审美感觉并没有完全消失。

四合院的历史能追溯到什么时候呢？中国建筑明器收集家茂木计一郎先生认为，至今为止所见到的四合院的明器中最古老的可以追溯到后汉。（"中国建筑明器"，《目之眼》，No. 349，2005 年 10 月号）。当然后汉的四合院已经不存在了，但那种样式的历史恐怕超过两千年。

后特别是以平安时代末期的藤原俊成、定家父子为中心展开的"歌论"没有涉及对仗。其原因比较简单,简而言之,在日本自《古今和歌集》以来,极短的诗歌形式(即所谓"和歌")大为普及。在音节数方面,和歌(31音节)比五言绝句(20音节)要多,但在词语数方面,和歌比较少,在物理上不可能允许对仗。"俳句"从连歌中独立出来,加入和歌(或者短歌)之中。俳句恐怕是世界上最短的诗歌形式之一。俳句因为本身就一句,所以不存在对仗的问题。在《万叶集》的时代有"长歌",在《梁尘抄》的时代还有"今样"。但是无论在哪里都看不到以两句为一组的对句的多用。《万叶集》中长歌的技法包含重叠使用对称形容句的修饰法,在那种情况下对称形式对整个作品的构造并不起决定性的作用。① "今样"是四行的诗歌。用其中两行进行中国式对仗的事例在现存本之中几乎不存在。总之,估计是极其简短的诗歌占支配地位的状态排除了左右对称的语言表达。

  但是,这一点并不能用来说明在造型表现中对对称性的抵触。所处的空间分节化、结构化的过程不是将整体分割,或许是从部分到整体的不断积累。那样强烈的习惯恐怕是造成这种状态的背景。换言之,那就是"扩建"主义的做法。"扩建"根据需要将房间连接起来,其结果是设计者最关注的不是建筑物在整体上会呈现什么形状。如前所述,十七世纪前半叶的武家宅邸形式极其复杂,很难想象事先会规划出那么复杂的平面图。扩建不仅使建筑变得

---

  ① 柿本人麻吕(生卒年不详)是宫廷歌人,除了创作公共的(仪式的)和歌外,也创作个人的和歌。后者有他妻子去世之际创作的两首有名的长歌及两首短歌(《日本古典文学大系4 万叶集[一]》,岩波书店,1957年,114—119页)。其中两句一组的类似对仗的表现如下:
渡る日の暮れ行くが如照る月の雲隠る如
(忽若行空日,匆匆西坠去。又似月辉光,滚滚浓云蔽。)
又如:
書はもうらさび暮し夜はも息づき明し嘆けどもせむすべ知らに戀ふれども逢ふ因を無み
(寂寞无终白日梦,中宵叹息待晨光。手足无措悲无限,相见已难情意长。)
这里并不是只有像日和月、昼和夜这种两句间词语的对照,句子的文法结构也相呼应,可见受到了中文对仗的影响。不过那样的修辞手法仅限于长歌的一小部分,没有作为诗法被规则化。随着《万叶集》以后长歌减少、短歌成为主流,对仗也从日文诗的世界中消失了。

十分复杂,而且有可能使建筑成为一个优美、协调的整体。例如桂离宫就是如此。但是,左右对称要求从整体出发。因为二等边三角形由三个顶点的位置的整体关系所决定,所以在那三点是摆放石头,还是安排三个人,与各点(部分)的性质无关(从整体到部分)。从部分到整体的扩建主义大概不会偶然带来左右对称的结果。那与应该处理的空间的大小没有关系。把手是拉门的部分、拉门以及架子是书院的部分、书院是整个建筑的部分、建筑物是庭院的部分。部分与整体的关系无处不在,部分优先于整体,细部独立于整体强调自身的形态和功能。这大概就是非对称性美学背景中的世界观。那种世界观,如果沿着时间轴来分析,便会发现那是在强调"现在";如果从空间的方面来看的话,则是把注意力集中在"此处",即眼前我们所处的场所。如果站在意识到时间以及空间的整体,并力图将之结构化的立场上,就会产生对称的美学,因为对称性是一种整体形态。如果以时间空间的"现在=此处"主义为前提的话,它自身大概会朝完结的部分升华。

　　山国的"自然"大概也起着间接作用。日本没有亚洲大陆的辽阔沙漠以及草原。人们居住在山谷间以及海岸的狭窄平地,大城镇在四面或者三面环山的盆地中发展。向不同方向望去会有不同的风景,日常生活的空间并非均匀地向所有方向延伸。京都的东山与西山风景不同,北山与向南延伸的平野地形相异。前者是深深的杉树林的斜面,后者是河川的冲积平原地带。在那里完全不存在"自然"的对称性。自然环境不是促进了左右对称性的,而是促进了非左右对称性的审美的发展。

　　社会环境的典型是种植水稻的村落。劳动密集型农业需要村民紧密合作,而合作是以对共通的地方神信仰以及约束村民的相互关系的习惯及其制度化为前提的。那种前提或者村民的行为方式的框架不会轻易动摇。如果在村落内部出现了动摇那些的个人或者少数人的集团的话,那么村落的多数派会强制性地说服他们,如果说服不了的话,则会"排挤"他们。无论如何其结果都是意见和行动全体一致,村落整体保持安定。

　　在村落的个人看来,那是在整体上不会改变的前提条件。个人的注意力大概只能集中在对部分的改善方面。每个人都种自己家的地，那种自我中心主义在村民之间的交易中被等价交换原则所凌驾。而对于村落外部的人，因为除了每种场合的力量关系以外再没有别的规则，所以自我中心主义露骨地体现出来。如果对于这种社会空间的细部而不是整体的关注在很长时期内不断内化，习惯成自然的话，尊重细部主义在文化的各个领域就会得到发展。空间的结构化不是将整体分割为部分，而是通过积累部分来表现整体。在扩建的各个阶段有各自的整体形象。建筑物的整体并不赋予部分以意义，细部与整体无关，它自身具有完整的意义。从那里到非对称美学的空间已经不远了。对于凡尔赛宫的园林来说关键是要看上去在整体上的有序，对于其建筑物来说最重要的是中央部分与左右两翼的均衡。在桂离宫的回游式园林中决定性的是各部分风景的多样性，建筑的魅力在于每个部分不同的内部装修的细节和从窗口所看到的景色。这种形成对照的差异的背景是思考与感性类型的差异，那种差异至少在一定程度上来自自然以及社会环境的差异。但并不仅仅如此。

　　非对称性美学在茶室的内外空间到达了洗练的顶点。那个时期与十五、十六世纪的内乱时代（战国时代）重叠。为什么会这样呢？内乱不仅在物理上破坏了很多城镇（特别是十五世纪中叶的应仁之乱之时，在很长一段时期是文化中心的京都被烧毁了），还破坏了社会秩序，分散了权力。武士团在从九州到东北的地区割据、对抗，京都的贵族以及武士政权（幕府）已经没有统治那么多武士的经济、政治力量了。如果说村落社会的极度安定把人们的注意力引向细部的话，那么武士社会的全面流动性（"下克上"和内乱）、其整体秩序的不安定性大概使人们产生了从整个社会环境中摆脱出来的愿望。村落的安定性所准备的心理倾向（mentality）因为全国内乱的不安定性而得到强化。那不一定是因果关系，但那显然助长了武士的头领们从权术的世界摆脱出来，转向茶室的寂静空间的倾向。那种空间并不是与自然、历史相对抗来主张左右均衡的构造，而是在自然之中随着时间的流逝无限地使细部得到升华。作为大自然的一小部分的园林，似乎要融入其中的小巧不起眼的茶亭，其内部用来采光的窗户，射在窗格上的阳光形成的彩虹，粗壁表面的质感和色彩，茶具特别是陶瓷器，它的釉形成的"景色"变化……①那里没有容纳对称性的余地,那里只有非对称性的空间,以及意识到那种空间的反对称性的美学。意识化(prise de conscience)始于十五世纪的村田珠光,到十六世纪的千利休时得到完善,最终形成了所谓"闲寂之茶"的体系。那是一种美学革命(禅是其思想背景)②,那对之后的日本美术产生了广泛而深远的影响。

绘画的空间

开闭的空间与绘画

绘画的空间有两种,即被描绘的空间(例如乘云的阿弥陀佛及其周边,从相摸湾的船上眺望到的富士山),和描绘的空间(即画

---

① 这是所谓"闲寂之茶"的特征。据说"闲寂之茶"始于村田珠光(十五世纪),经过武野绍鸥(十六世纪),至千利休完成(十六世纪),由其弟子古田织部(十七世纪)继承。关于茶席最先提出"闲寂"一词的是绍鸥(《日本美术史事典》,平凡社,1987年)。我也曾多次写过关于茶道的美学文章。最近在《日本其心与形》(收于吉卜力学术文库,2005年,"手掌中的宇宙")中探讨了茶陶。在此不就茶道的美学做深入探讨。

② 禅宗从十二世纪末到十三世纪初由明庵荣西(临济宗)、希玄道元(曹洞宗)带到日本的。中国的禅以一种宗教的神秘主义(彻悟)为中心,但当它渗透到日本的武士社会的上层后,成为世俗文化的承担者。禅文化有三个方面:第一,战场武士的伦理,即坚强的意志、迅速的决断、感情的控制还有克服对死亡的恐惧。十七世纪后,已不再战斗的武士官僚的"武士道"强调对主人的忠诚。但禅向十五、十六世纪战斗的武士们提供了必要的自我训练的手段,是他们的精神支柱。那时禅不是"影响"了伦理,而是成为世俗的规范。第二,所谓的"五山文学"的诗文及其出版活动。现在如果以应仁之乱为界,将应仁之乱之前称为前期、之后成为后期的话,前期诗文很多,有很多直接与禅僧的哲学和修行相关的(义堂周信、绝海中津),而后期以世俗为主题的诗逐渐增多。五山文学的世俗化倾向很明显。第三是造型美术。日本的禅僧除了引进喝茶的习惯和素餐外,通过重新发展的与中国的贸易,将禅寺的建筑样式、高僧的顶相和墨迹、水墨画及其技法带进日本。之后喝茶产生了"闲寂"的美学,顶相产生了肖像画的技法,水墨画产生了独特的表现主义。禅在其自身世俗化的过程中对文化作出了贡献。

禅是革命的,因为:第一,将被视为绝对的社会束缚彻底相对化;第二,原原本本地接受了相对化的世界。如果停留在第一个阶段就是反抗,不是革命。但是如果没有第一阶段,第二阶段即"另一个世界"就不会成立。

面，四方被围起来的二维空间）。前者可小（例如静物画）可大（例如风景画），后者一般来说比较小。描绘对象大的绘画所具有的第一个功能便是缩尺功能，这是从整体上理解现实对象的必要手段（例如法国南部以及非洲东南部所见到的旧石器时代石窟中的动物壁画），其功能近似于地图。其手段与语言的象征主义不同。绘画不是象征对象，而是将其缩小、摹写（写生）。

日本的绘画描绘出了怎样的空间呢？古代日本绘画表现了怎样的空间呢？古代日本绘画的代表形式是在中国画卷的影响下发展起来的画卷，从平安时代到镰仓时代创作了很多那样的画卷，据说现存的就有100多种，其内容涉及假名故事、佛教故事、高僧传、神社寺庙的由来等。故事展开的空间随着时代的变化而变化，有大有小，有宽有窄，时开时闭。平安时代中期的《宇津保物语》（插图已经失传，但抄本中有暗示插图的存在）的主人公去了亚洲大陆的遥远国度波斯——不能确定是波斯的何处。《源氏物语》的主人公离开京都去了遥远的僻地须磨、明石。在大约一个世纪之间，假名物语的舞台缩小了。同样，《万叶集》的歌人们行旅空间在《古今和歌集》的时代变狭小了。《万叶集》的歌人们行动范围从九州至东国，而《古今和歌集》的宫廷歌人们的舞台基本上没有超出京都周边。"歌枕"算是例外，但在很多情况下像高野山以及伊吹山、小仓山那样，离京都不远。那不是因为政治统治的范围缩小了，而是因为文化在狭小的空间中朝向细节洗练的缘故。民间节日、仪式、衣服、语言、感觉和情感的细部等从《枕草子》中可以详细了解到。

但是，随着平安时代全国性贵族统治的瓦解，画卷的世界再次扩大了。镰仓时代初期西行的足迹遍及镰仓以及四国。一遍上人（他率领时宗教团起舞念佛）比西行走的地方更多，基本上走遍了全国。《一遍上人绘传》是十三世纪的代表性画卷。该画卷描写了各地的风情、神社寺庙以及四季的自然景观、各种风俗习惯以及起舞念佛等活动，非常准确地描绘了从武士、庶民、商人的男男女女，到孩子、巫女、僧侣、"非人"的生活。该画卷不仅反映了上人旅途的物理环境的扩大，而且反映了社会环境的扩大，是划时代的作品。在技法方面受到了"大和绘"的影响（云、霞），也受到了中国风景画卷的写实主义的影响（神社寺庙建筑及其环境、人物的表情、衣服、活动等)。不妨认为这种画卷的出现(十三世纪末,由上人的弟子所画)说明在日本文化史上闭塞的文化空间不是固定的,而是与打破闭塞的开放倾向交替出现。《源氏物语绘卷》表现出极度的美的洗练,那在一遍上人生活的十三世纪想都不敢想。另外,《一遍上人绘卷》中开放的空间意识也不可能在平安朝中期的贵族社会中产生。日本国这一空间再次对外封闭是在十七世纪以后("锁国"),直到十九世纪中叶才重新开放(被迫"开国")。开国的倾向和锁国的倾向、文化选择的多样化与保守的统一、民权的扩大和国权的强化的时期交替出现。①

如果让画面的二维空间有秩呢?那是构图的问题。那也是东北亚传统绘画的特征之一。也就是说,是在画面的一部分描绘某种对象(例如行吟的人物、带花的梅枝、在水上漫游的水鸟等),而将大部分地方空出来的手法。描绘的部分给没有描绘的部分带来活力。例如行吟的人物站在画面的中央,通过从左往右行走来表现空间的方向性。在什么也看不到、一个人也没有的寂静空间中梅枝随着微风飘散出清香。在水上滑翔的水鸟荡起的涟漪将整个画面变成了充满生机的水面。那有时(并非总是)与省笔画法相结合,运用这种手法来给空白处带来生机恐怕是起源于六朝、在宋元画中达到顶点的中国水墨画的传统。水墨画的技法与禅宗一道传入日本,在十三、十四世纪以后逐渐普及。到了北川时代,且不谈文人画家,②从

---

① 从明治维新(1868)后到颁布《大日本帝国宪法》(1889)为止的20余年间是开国倾向("文明开化")的时期,之后到战败为止是军国主义的近代化和国粹主义高涨的时期。战败(1945)之后的大约15年间是"和平和民主主义的时代",之后是"逆流"的强化,"富国强兵"的理想再次抬头的时期。日本的对外,特别是对亚洲邻国的开闭循环的原则至今(二十一世纪初)依然存在。那意味着什么难以得知,但至少暗示着即使受到异文化的巨大影响,固有的传统规范和根本概念很难改变。比如封闭空间的概念。

② "文人画"一词在中国带有文人的业余爱好之意。这也许是相对于宋朝画院中职业画家的工作而使用的说法。另外,将北宋画院的样式称为"北画",将包括南宋的禅僧在内的文人的画风称为"南画"。然而,德川时代的日本没有画院(狩野派不是画院),统治权也没有从北往南的转移。"文人画"、"南画"这些概念的定义在日本很含糊。祇园南海、柳泽淇园确实不是职业画家。他们首先是儒者、有教养的为政者(家老)。然而使由他们引进的中国风格的文人画、南画的样式有所发展的是职业画家(池大雅、与谢芜村、浦上玉堂、田能村竹田、富冈铁斋)。此处为了方便所采用的"文人画"的概念没有文人的业余爱好之意。

宗达光琳派到狩野派，没有哪个职业画家没有画过水墨画。

日本的艺术家从中国的传统中学习了两点。首先是在画面留下很多的空白，其次是给空白带来生机的微妙构图。他们在那里增添了什么呢？宗达光琳派在空白处或多或少画几个相似的对象，以此将空间分节化，使之变得有秩。关键是对象的位置，而不是个别对象的性质。例如在三角形的顶点不论是配置人物，还是画花木，三角形的空间构造并不改变。牧溪（十三世纪）通过沿着画面中央的水平线排列柿子，将没有其他东西的画面上下一分为二（《柿图》，大德寺藏）。在那之前，《源氏物语画卷》的画家通过没有天花板的房屋中的斜线和垂直线将画面分割为几个区域①。俵屋宗达在《风神雷神图屏风》中将风神雷神设在画面的左右，将中间空出来，在《舞乐图屏风》中在金箔底子的中间描绘了四个舞姿激烈的人，在隔开一些距离的周边配置了舞姿优雅的舞者、穿白衣的老人、松树的一部分、奏乐的舞台装饰等。画面中间的空白成了电闪雷鸣的暴风雨的空间，四个舞者裙角飞扬、翩翩起舞，成为舞台的核心。在那之后大约100年，尾形光琳模写了《风神雷神图》，将在《舞乐图》中还是主人公的单个舞者还原为横向排列的竹子。支配画面的不再是单个的竹子的形状——那几乎是一样的——而是它们的位置关系。更准确的说，竹子的上部和天空、下部和地面都看不到，所有竹子都是垂直的，因此由那之间或窄或宽的距离关系形成的"节奏感"就是决定性的了。不用说竹子是水墨画的传统主题，不过光琳的"竹图"隐藏的主题并不是竹子，而是二维空间的诗的几何学。《燕子花图屏风》（根津美术馆藏）在大画面中进行了复杂丰富的展开。几乎是同一对象（的形象）的反复，这种方法贯穿在从水墨的竹子到彩色的燕子花的花与叶之间。那不仅在光琳的作品，而且在宗达光琳派的作品中也随处可见。例如尾形乾山的《立葵图屏风》中的葵花、酒井抱一的《夏秋草图屏风》中的秋草、铃木其一的《群鹤图屏风》中的鹤。反复出现的单个事物的形象

---

① 如果是熟悉二十世纪欧洲绘画的读者的话，也许会想到将牧溪的柿子换成桌子上的玻璃瓶的莫兰迪（1890—1964）。《源氏物语绘卷》由平行线组合产生的画面分割与蒙德里安（1872—1944）的四边形区划相近。

（或者色彩）能够使其位置关系变得醒目，但同时也会减弱单一事物的个性。特别是在将单个事物的形象抽象化，统一为一种类型的时候更是那样。如果那种倾向走向极端的话，画面就接近图案，如果进一步将那种配置统一为单纯的几何学图形，那么会无限接近装饰图案。因为图案的特征是抽象——其程度根据情况而有所不同——形象的"反复"。典型的有阿拉伯的蔓藤式花纹，再往上追溯有殷周铜器表面的图案。宗达光琳派的绘画当然不是图案。但那之所以常常看上去有"装饰性"，大概与这一点相关。

宗达光琳派的水墨画对日本绘画史的贡献一般来说并不是以上能表述以尽的。人称俵屋宗达发明了"渗墨法"。另外，宗达的画稿、本阿弥光悦的书之歌卷[①]不仅在纸料的空白部分，还在轻描的画稿上写一些假名文字。假名文字有大有小，墨迹有浓有淡，线条有粗有细，与其位置相关，形成一种"节奏感"，几乎像音乐的视觉化那般美丽。众所周知，书画不分家是中国文化的传统。那是绘画中的空白部分的作用之一，鹰之峰的光悦工作室独创了在画稿上重叠文字的技法。在鹰之峰，文学、文字和绘画融为一体。

书画的密切关系来自中国，但是在对各种表现的嗜好以及态度上，日中之间形成了对照性差异。有哪些差异，那些差异又是如何形成的呢？关于这个问题将在后文中进行论述。日本画家的题材大致是追随中国风格。例如宗教画（道教、佛教）、肖像画（高官、英雄、高僧）、花鸟龙虎等，水墨风景画（山水）尤其多。狩野派全都画过，但很难说增添了什么新题材。技法和样式以水墨（或者叫"汉画"）为基本，再利用大和绘以及其他传统，是折中主义的做法。但是，在扩大画面这一点上，他们非常出众。因为德川幕府的御用画家——狩野派的画家基本上独揽了大名宅邸以及大寺院建筑的内部装修。他们不仅在屏风上画，还在隔窗、门上作画，用极丰富的色彩装饰天花板。用水墨画来填充这些大画面的例子即便在中国也很少。从扇面到天花板的大小画面上，德川时代的众多流派各自下了很大功夫。宗达光琳派将利休发明的小空间的美学运用到小画

---

① 《鹤下绘三十六歌仙合格卷》（京都国立博物馆）、《四季草花下绘和歌卷》（东京、畠山纪念馆）等。

面上,并将其无限升华。而浮世绘木版画的画师们再一次发现了绘画的平面性,与此同时他们还将画中的空间与描绘一遍上人全国巡礼的画家们相呼应,扩展到了"东海道五十三次"。但是没有一人跨越海洋描绘大陆的风物。《峨眉露顶图卷》的景象是与谢芜村凭想象描绘的,并不是他亲眼所见的东西。相阿弥并没有看到"潇湘八景",而是看了见过潇湘八景的牧溪的画。《慧可断臂图》可以说是雪舟晚年的杰作。虽然雪舟之前游历中国学习了水墨画,但他并没有前往天竺拜见面壁的达摩。这些与他们的艺术评价无关。① 只是说明了他们所居住的空间是怎样的。那个空间对于日本列岛以外的世界是封闭的。

主观主义倾向

在中国的传统文化中,书画关系密切。书法大致有三种功能。其一,通过阅读传达意思;其二,表现写字人内心的状态——性格、情感以及气魄;其三,装饰性,或者说有限空间的秩序。② 这三种目标使用极其简单的工具和材料就能同时实现。水墨画也使用与书

---

① 不论哪个时代哪个国家都一样。莫奈画了数十幅鲁昂的鲁昂大教堂,赛尚画了几十幅圣维克多山的油画。对于艺术来说最重要不是大教堂、山,而是莫奈和塞尚的眼睛。是保尔·克洛岱尔所说的"眼睛在听 L'oevil écoute"中的眼睛,是布鲁诺·陶特所说的"在那里眼睛在思考 Da denkt das Auge"中的眼睛。

② 中国自古有许多画论强调作为绘画功能的"写生"与"气韵"。"写生"或者"写实"的意思无须说明。"气韵"大致是此处所说的第二种功能,即与内心的表现相重叠。"表现"在拉丁语系中用"ex-pression"表示。在德语中是"Aus-druck"。都有"向外推出"之意。将内心从内推向外。因为内心无法用眼睛看到,所以是由内向外的运动,是看不见的东西的视觉化。

"写生"或者"写实"的对象原则上是眼睛看得到的东西。眼睛可见的对象有实际存在的东西和不是实际存在的东西。对象实际存在的时候,有时将那种"写生"或者"写实"称为"现实主义 réalisme"(形容词是 réaliste)。当对象是想象力、幻觉、梦的产物等可见但并非实际存在的时候,人们把那种称为"超现实主义 sur-réalisme"。萨尔瓦多·达利可能梦见了在桌子边缘像软糖一样垂下来的时钟的"形象"。如果是这样的话,那么那个著名的时钟就是可见而不实际存在的对象,那个画面就是超现实的。如果是这样理解超现实主义的话,那么它不是仅在二十世纪的欧美出现的现象,许多宗教画是超现实的。比如玉虫厨子的《舍身饲虎图》(法隆寺)、创作于镰仓时代的众多的阿弥陀来迎图。将其视为实际存在的景象(写实主义)还是想像的"形象"(超现实主义)取决于看的人是否信佛。

法同样的手段——毛笔、墨、纸或者丝绸,以追求那三个目标。这三种功能或者目标,即写实、表现画家的内心、画面的装饰性不一定总是能够同等程度实现、以同等强度被人追求。不论在书法中还是在水墨画中,重点放在三点中的哪一点上根据时间和场合的不同而有所不同。但书和画显然是并列关系。书法的第一个目标与画的第一个目标所共通的是双方都超越了艺术家的内心。字体尽管具有多样性,但人们仍然能够看懂就是因为其形状有特定的规范。那种规范对于书法家来说是前提条件,与他(或者她)的心情完全没有关系。同样猴子的画之所以看上去像猴子就是因为其表情以及体格有一定的特征。那些特征对于画家来说是不可改变的前提条件,与画家的内心没有关系。如果书法家打破规范,那么文字将不再是文字,如果画家无视猴子的特征的话,大概就不是猴子的画了。当然,也可以毫不顾忌地采取字看不懂、猴子看上去不像猴子也无妨的立场。实际上将重点放在"自我表现"(第二目标)上,追求"抽象的表现主义"的画家就是那样做的。但那不是在宋元明时代中国发生的事。

　　书与画之间除了这种平行关系,还有更直接的关系。那是在书法所看重的"笔势"、饱含墨汁的毛笔的动感、由此产生的多样的线条中反映出来的书法家=画家的千变万化的心情,在那里书法的线条与绘画的线条融为一体,难以区分。中国画论中所说的"意在笔先"是书与画所共通的。例如梁楷的《李白吟行图》(东京国立博物馆)中白衣轮廓的线条便是如此。

　　那种水墨画——从宋元的大家到明末清初的诸家(石涛、八大山人)传入日本后发生了怎样的变化,是如何"日本化"的呢?简而言之,中国文化在书法中看重规范,在绘画中注重写实,而日本文化在书法中珍重破格,在绘画中讲究即使牺牲写实也要做到"气韵生动"的笔势。从《君台观左右帐记》(室町后期)可以得知:日本热衷进口的不是北宋画院系列的中国大家之作,而是禅宗的南画,也就是牧溪、玉涧的作品。梁楷出自画院,不是僧侣,但他是一名例外的破格画家,擅长省笔,运用泼墨之法来描绘山水。禅僧的墨迹中破格之作也比较多,其中有的看上去甚至像用墨画的抽象画。中国人尊崇书法家的书法作品,把那看得比墨迹要重,而日本人进口得最多的就是中国书法的墨迹。

这一点非常鲜明地显示了日本艺术家在书画中共通的特定倾向。那就是比起观察、表现、理解自己以外的某种规范以及现实对象,即环境的存在和功能,更加注重表现自己内心的情感以及意志。① 如果现在将那种倾向称为一种主观主义的话,那么那种主观主义正是日本文化所包含的根本原理,艺术家的视野不是朝向外部世界,而是自己的内部。当然,艺术家的,特别是水墨画家的反应只是一种体现。那种主观主义对德川时代后半期的伦理观也产生了影响。另外甚至在二十一世纪初的日本社会也可以看到那种痕迹。然而,为什么日本人常常不是将目光朝外,而是朝内看呢?为什么德川时代会流行石门心学呢?为什么在两次世界大战之间私小说在文坛占主导地位呢?那大概是因为如果当事人的居住空间闭塞的话,他们的表现空间也会闭塞;如果不希望改变环境的话,只好先改变自己;如果所观察的对象不动的话,那么大概日常会在改变看法方面下工夫。

---

① 长谷川等伯是日本水墨画家中在写实的精巧性方面出类拔萃的。特别是《松林图屏风》(东京国立博物馆)的松和流动的雾。牧溪是南宋末元初的禅僧、画家。特别是云霞的表现使日本的画家们(例如相阿弥)陶醉,但在中国他未被视为写实的妙手。牧溪还描画过在树枝上嬉戏的猴群(大德寺)。很明显等伯的"群猴图"是模仿他的。将两者比较,无论是从猴的表情到毛色、还是从动作到姿态的所有方面,在观察的敏锐和表现的准确度上,等伯都无法与牧溪匹敌。在写实方面,即使是日本有代表性的写实画家也远远不及在中国并不因写实力而出名的中国禅僧。而且这个差异很容易一般化,那不限于等伯,也不限于猴子。随便举一个日本的画家,来看看水墨的马。素描的准确度明显不及中国的水准,也不及十五世纪的意大利的马。作为例外有雪舟的风景、等伯的雾的松林、渡边峰山的肖像画。日本绘画的传统弱在写实,强在破格的书法笔势、墨的表现主义的魄力。那样的话,也许能对其背景与日本文化的根本特征进行推测。

第三章 行为方式

开闭的对外关系

日本列岛和亚洲大陆的交往有盛有衰,日本方面的界线有时开放有时封闭。如前所述,在日本史上那样的开放和封闭反复出现。以九世纪为界,先是在奈良朝开放,之后在平安朝封闭。后来又在镰仓、室町时代开放,政治上"锁国"的江户时代封闭。在外压下的"开港",明治初期的"文明开化",接着出现了与之对抗的"和魂洋才"。从"大正民主主义"的二十世纪二十年代和"超国家主义"的三十年代到1945年的战败。战败后的几年在外压下的"民主化"时代,和持续至今的与之背道而驰的"反动路线"。开闭交替的时期逐渐变短了,但开闭交替形态在根本上没有改变。

"外压"屡屡是开国的契机,但那不是全部。恐怕是因为认识到需要更多地引进、移植异文化,特别是基本技术的必要性。在九世纪以前,必须从中国、韩国半岛引进文字以及佛教。在觉得没有那种必要的时候,日本政府废止了遣唐使。十九世纪中叶,产生了从欧美引进"现代化"的法律制度、军事技术以及资本主义的需求。日俄战争之后很快就不考虑那些了,大日本帝国转向扩张主义,将朝鲜殖民地化,向中国索要权益,最终走向了十五年战争。总而言之,如果处于与外国之间存在较大文化差距的情况下,日本便会打开国门引进外国文化(对于古代中国)。而在接下来的时代或多或少进行锁国,在消化引进的文化的同时,创造出独特的文化(平安时代、德川时代)。当在国际社会的实力关系方面存在极大差距的时候,日本便会以对方为楷模,拼命追赶(对欧美),至少短期内实现军事力方面目标(从明治维新到日俄战争)。如果将军事力换成经济力的话,那也适用于战败后60年的状况。

　　日本列岛的居民在技术以及艺术领域一贯具有令人惊叹的能力。那种能力在日本列岛有限的空间内部得到发挥、发展。只有当外部事情与内部状况直接相关时,日本人才会对外部事情表示关注,那种倾向十分显著。开国时期与锁国时期的确是交替的,但前者短,后者长。平安时代后期的大约300年,德川时代的250年,日本国的视线主要面向国内,而不是面向外部的国际社会。在封闭的空间中,文化走向成熟,得到升华,因此也可以认为开国是为达到这种目的的准备期间。一方是手段,另一方是目的。明治以后又发生了什么呢？在初期20年左右,是调查和学习时代,"岩仓使节团"便是象征。其作用与隔着一千多年的古代日本的遣唐使的作用相呼应。在"文明开化"的所有领域中有许多选择,不论哪个选择都有支持者。例如宪法草案就有很多种,显示了根本不同的价值观。在这种意义上来说,那是"自由主义的"美好的时代。后来便是《大日本帝国宪法》、《军人勅谕》、《教育勅语》,那显然是"近代日本"所选择的道路。喊着"和魂洋才"的口号向西洋技术敞开道路(开国),同时也限制西洋思想的影响(锁国)。开放与闭关界线的这种微妙装置即便在战败和占领、冷战与高度经济成长之后也没有发生根本变化。①

---

　　① "和魂洋才"的"洋才"是指原本产生于欧美,在十九世纪由西方各国所独占的科学技术。明治初期的日本需要从国外引进科学技术。然而二十世纪特别是二十世纪后半期,技术扩展到欧美的领域之外。而在二十一世纪初的现在,先进技术已不是欧美独有的东西(日本、中国、印度)。虽然交流仍是必要的,但单方面输入的时代已经结束,可以说"洋才"一语已失去了作为标语的意义。
　　"和魂"是指日本的固有之魂,其内容十分含糊。早前本居宣长将其称为"大和之心",之后,大约在二十世纪特别是三十年代,日本频繁地使用"和魂"或"日本精神"。宣长的"大和之心"的中心是"幽情"(もののあわれ),三十年代的"和魂"的典型表现是日本军刀的"百人斩"。"心"和"魂"的区别并不明确,更不用说两者的关系了。本来用如此含糊的概念来理解某些历史、社会、心理的现实就很困难。而且战后60年,支撑世俗价值体系的佛教、儒学都失去了影响力。即便如此,当今的日本社会仍在列岛封闭的文化空间中探究"和魂"的内容。

很显然,自然条件也是这种心理倾向(mentalité)的背景。例如所谓"岛国根性"、界线的意识、内与外的显著区别、对所属集团的严重依附、对异文化缺乏关注……这些特征与被大海环抱的环境的关系因场合而异,难以一般化。大海具有两个侧面。首先,那是接触异文化——友好的通商、非友好的战争——时的**障碍**。例如哥伦布到达美洲大陆以前大陆的孤立状态便是那所带来结果,在大陆内部许多部落发展了各自的文化,部落之间的界线往往是高山,相互之间基本上没有什么交流。① 绳文时代日本列岛的空间比美洲大陆要小得多,离亚洲大陆相当近,但海峡显然阻碍了大陆人员以及文物流入日本。特别是直到二十世纪,日本列岛一直没有被外国攻击、占领过。在这种意义上,也许可以说日本古代史是欧洲人发现美洲大陆以前的美洲史的缩影。从绳文时代到十九世纪中叶美国舰队以压倒性武力强迫日本开港为止,大海保护了日本。但是保护日本的并非只有大海。就处于同样地理条件下的英国而言,古代罗马帝国曾越过英法海峡侵入英国,在中世纪威廉征服王占领了英格兰的一部分。的确,曾征服过近代欧洲的拿破仑以及希特勒未能渡过海峡侵入英国,但原因大概不在于狭窄海峡的自然条件,而在于英国海军的强大军事力量。岛国长期保持独立,并

---

① 我曾三次参观过墨西哥城的国立考古学博物馆,有三个强烈的印象。

第一,那里有从现墨西哥领内的东南西北各个地区搜集来的雕塑,那在整体上具有令人惊叹的多样性,形成了一个独立的雕塑世界。独立的世界是指,从丰富的其他地域的雕塑造型的知识很难推测其样式。在此意义上,包括日本在内的东北亚的佛像群就是一个独立的世界。当然,埃及、希腊、西欧的哥特式建筑等也分别是独立的世界。无论哪个都有很多范例,现存的例子也很多。无法从其中一个世界去推测另一个世界。罗马雕塑的众多人像是模仿希腊的,因此不是独立的世界。见过希腊雕像的人未必要看罗马的雕塑,但如果不看墨西哥的雕塑,就缺少了人类雕塑史的重要一面。

第二,展品中标明制作年代的作品并不是很多。样式的多样性不是某种样式的不同时代的发展结果——与希腊雕塑(公元前六世纪)、哥特式建筑(十二—十五世纪)、还有日本佛像(七—十三世纪)不同——恐怕是展示了地域性的差别。现墨西哥领内,不同地域的样式有明显的区别。也就是说,跨越各地域间的界线并非易事。

第三,难以跨越的界线是什么?是高山。被西班牙人征服的十六世纪,阿兹特克帝国的统治遍及太平洋东西两岸。然而那只是例外。众多部族居住在山地的高原,以浮雕的神像装饰石造建筑,用陶土制造表情丰富的人像。他们没有翻山越岭地迁移,因此雕塑的样式自然多种多样。

不是因为对于侵略者来说大海是不可超越的障碍。事实上,大英帝国在十九世纪曾经称霸世界的海洋。

其次,对于多民族、多语言、多文化之间的交流来说,海路发挥了比陆路更大的作用,地中海就是一个典型的例子。人们习惯将地中海沿岸各国的文化总括为"地中海文化",那表明大海具有另一方面的作用,即不是阻碍而是促进人员与文物的移动的作用。陆路的阻碍(山脉、沙漠、地区居民的抵抗等)比海路的困难(季节风、沿岸国的敌意等)要大,因此亚历山大大帝(公元前四世纪)以及马可波罗(十三世纪后期)在出航的时候走的是经过波斯以及中亚的陆路,而在归途走的却是包括印度洋沿岸在内的海路。在亚洲,郑和(1371前后至1434前后)曾经率领大航队越过印度洋,与亚洲东岸进行过交易,在大约30年内七次下西洋,据说第一次有大船62艘,人员多达2万以上,那比西洋各国的大航海时代要早得多。大海使得那种大规模的输送成为可能。

平安时代以来日本列岛与亚洲大陆的关系是锁国、开国各六百年。平安时代的三世纪的确是事实(de facto)上的锁国,而德川时代的两个半世纪则是法律(de jure)上的锁国,其成立的原委不同,但不能说大海是锁国的决定性要素。因为即便在日本,岛国的条件也具有使开国成为必然的一面。在对马和冲绳,人们的居住空间太小,以至于他们无法将视线停留在内部。

日本的历史事实上也非常生动地反映了海这种界线的双重性。然而重点在哪一方呢?是锁国倾向,还是开国倾向呢?哪种倾向更能体现日本列岛居民集团心理的特征呢?从历史上来看,从平安时代以后到德川时代以前的大约4个世纪,日本国的对外态度还是比较开放的,但那个时期与内乱频繁发生的时期是一致的。武士统治阶层发生分裂,武士团相互争斗。尽管日明贸易可以带来利益,武士对禅宗(或者说禅宗文化)有浓厚的兴趣,但他们的视线主要投向国内的权力斗争。而且,日本国内不是只有内乱。佛教的僧侣们不仅从大陆引进了禅宗,而且将那种哲学加以提升(道元),一边逃避战乱到处漂泊一边创作独特的佛教抒情诗(一休),以阿弥陀佛信仰为中心,将纯粹的日本佛教个人化、大众化(法然、亲鸾)。在舞台艺术方面,能乐、狂言得到了发展。那种戏剧形式很少受到大陆戏剧的直接影响。题材往往取自平安时代的宫廷文化，极少取自中国的古典文学。据说京都的河原能乐的观众面很广，上至将军，下至奴婢。文学也是一样，那个时代流行的大众文学是连歌，从《菟玖波集》到《犬筑波集》种类众多，甚至有故事说在内乱中包围城堡的官兵以创作连歌来消磨时光。那与外国文学没有直接的关系。在中国，在战争中作诗的是将军，而不是士兵。茶道中的"闲寂"的美学也是这个时代的产物。总而言之，从十三世纪到十六世纪的文化虽然有以禅宗寺院为媒介的交流（元朝对佛教进行镇压，使到日本来的僧人增加，禅宗寺院的建筑样式、水墨画等便是那种影响的体现）的一面，但从整体上来看，可以说对于大陆文化是闭塞的。平安时代的"锁国"是将国门开放一半，关闭一半，原原本本地保持了岛国的孤立。正因为如此，在德川时代初期才能再次对西洋的帝国主义关闭国门。直到十九世纪中叶在武力面前被迫开国为止，日本的领导者和大众，除了少数知识分子以外，都不了解自己国家与欧美在技术上的差距，相信锁国政策会永远持续。因此人们能够习惯于农业岛国的"和平"空间，关注内部，对细部进行打磨。

共同体的开闭和集体主义

大多数日本人是在怎样的空间中营造日常生活的呢？换言之，是属于怎样的集团，与那种集团维持着怎样的关系呢？那因时代的不同而有所差异，但在对于集团的态度中可以看出一贯性。作为一贯性特征之一，便是所谓集团的导向性，即当个人的意见与集团的利益、目标、气氛（感情上的偏好）产生矛盾时，原则上总是采取优先集团利益、主张的态度。个人要不改变意见，要不离开集团，必须做出选择。不仅如此，集团的压力还波及个体成员的私人领域，例如选择结婚对象。至今在日本的结婚典礼上，仍然是写 A 家和 B 家结婚典礼，而新郎新娘的名字是省略的。

这种集体主义是怎么形成的呢？从历史上看，恐怕来源于以水稻种植为中心的农业社会的悠久传统以及由此产生的习惯与价值体系。明治维新实施了"改正地租"，但没有改变传统的农村构造及其大部分功能。在所谓"近代化"的过程中工业化不断发展，但劳动人口的一半以上集中在农业方面。传统的农村构造发生根本改变，劳动人口的绝大部分都集中到城市是在美国占领下的土地改革和二十世纪六十年代的经济膨胀之后。于是，年轻人离开了农村。但以往农村所创造的价值观并没有同时丧失。大城市里已经没有支撑集团主义的地区共同体。但是，集体主义在都市的职场中延续了下来——至少维持到二十世纪末，因为大企业的终生雇佣制存续到那个时候。随着劳动力向城市集中，在农业社会的价值观和行为方式对日本经济的"成功"做出了贡献，经济的"成功"保证了那种价值观和行为方式的延续。这便是战败后日本的集团主义的历史，既有光荣，也有悲惨。自杀的公司员工在遗书中写道："我死了，但公司永存"，就是那样的时代。①

我将农村共同体的典型特征用一种模式或者"理念型"——我现将之称为"村落"——概括如下：

传统的村落界线明确，特别是当山脉构成村落的界线时会一目了然。在平原，有时在外来者看来界线不是十分明确，但每个居民却非常了解。在社会性上，界线的内侧和外侧的区别十分明显，村民之间的相互关系以及对村民以外的人们的态度大不相同，常常由完全不同的原则所支配。② 例如在交易中，村民之间是等价交换，而对于外人则根据两者在交易时的力量关系决定。

村落社会内部分阶层，呈上下构造。由地主、自耕农、佃农形成的这种构造，不仅在生产劳动中，而且在结婚以及葬礼上也有分工，反映出阶层之间的上下关系。在同一阶层中，原则上存在一种

---

① 伴随着工业化人口向城市集中，在农业社会产生的传统技术、习惯、价值体系消失是一般现象。农业社会的价值观在先进的工业社会中持续发挥积极作用的例子极为少见，其中之一就是战败后数十年的日本。另外一个就是差不多同一时期的美国"南部"。所以这两者的比较很有意思。二十世纪七十年代前半期我在美国"东北部"生活时，曾思考过这个问题，就此还在日本写过文章（"南部之旅的邀请"，《思想》，1975 年 6 月）。

② 社会学者喜田实(1894—1975)在战败后不久住在偏僻的小村庄写下了《疯狂部落周游纪行》(吾妻书房，1948 年)，尽管多少有点夸张。他观察、分析、记录了村落共同体的风俗习惯，并将之视为日本社会的原形。与《从疯狂部落看日本》（德间书店，1967 年）没什么根本区别。

平等主义（例如"若者宿"）。

如前所述，村民个人与集团之间的关系以集团优先为原则。一般来说，地主、豪农不是独裁者。集团的决定以全体一致为原则，当个人有异议时村民对之进行劝说，如果不成功的话，则采取"排挤"的态度。集团对村民个人施加的压力波及该村民私生活的细部。个人对那一般采取顺应大势主义（conformism）。脱离村落（在被排挤以前自发地）的做法算是例外。这种集团主义的特征即便在现代日本也依然存在。中坚员工参与企业的决策过程以及那种意义上的平等主义、被称为"下岗"的"排挤"行为，如果这种习惯从职场扩大到整个国家的话，就会体现出"你居然也是日本人"这种民族主义以及令人难以置信的附和雷同性。日常生活的空间具有明显的界线，界线内外的应对原则不同（从"我们公司"这样的归属感到强制使用"日章旗"）。

与外部的关系有两种。第一种是邻近的外部，例如邻村。邻近的外部与自己村落内部拥有包括相同的价值观和宗教信仰在内的传统和习惯，结婚是与邻近外部的一种友好关系，而争夺用于水田耕作的水源以及山林（主要是燃料）则是非友好关系的典型。第二种是遥远的外部，那是与村落完全不同的世界。村民不会去那里，对于村民来说，界线是封闭的。但是，界线对于从遥远世界来的来访者则是开放的。来访者又有三种。第一种是比村民地位高的人，例如折口信夫所说的"稀客"＝神、中央政府任命的地方官、游历的高僧等。第二种是身份比农民还要低的人，例如乞丐、忍者、骗子、强盗等。第三种是既高于村民，又低于村民的人。他们常常具备村人所不具备的能力，出入于村民一辈子都见不到的权贵的世界，例如各种艺人、连歌师、巫女、妓女等。但是村民绝不会将他们视为对等的人。因此也不会与他们通婚。也就是说，来自远方的人在村民看来要不地位高，要不地位低，或者既高又低，绝不可能是对等的。这一点让人想起近代史上日本的对外关系。外国在日本共同体看来是遥远的存在。他们有时是教师（上），有时是敌人（下），有时两者都是。日本不论是对中国还是对美国，以及其他外国，都没有对等交往过，现在也没有，这是众所周知的。

日本人生活空间的原型是水田耕作的村落,其界线时开时闭。使封闭持续的主要因素是劳动密集型农业及其效率,还有就是效率所要求的团结和内在秩序。将门打开的是外部状况及其压力,近代以后则是资本主义的逻辑。对于那些条件,日本人的反应当然不能完全用集体主义一词来概括。那是超越条件或者前提的内在努力,是一种主观主义。那是什么呢?关于这个问题我们将在第三部进行探讨。

第三部 "现在＝此处"的文化

第一章 部分和整体

日本文化中的"时间"的典型表象是一种现在主义。现在发生的事情的意义是自我完结的,在深入领会其意义的时候,无需明确表示与过去或者未来发生的事情的关系。时间的流逝有一定的方向,无始无终,历史时间的流逝类似于指向特定方向的无限直线。人们能够讲叙其中发生的事情的先后,但不能在那基础上将时间的整体结构化,然后进行思考。镰仓时代流行的画卷的一个场面即便与整个故事的主线分割开来也能充分欣赏。从德川时代到近代撰写的庞大数量的随笔集是由彼此之间关联较少的片段性文章构成的,即便从整体中抽出单篇文章来读也很有意思。那是从《枕草子》经《玉胜间》到今天的文学传统之一。在那里鲜明地反映出了日本时间表象的显著特征。

可以说在日常生活的习惯中也同样存在那种特征。在日本文化中,原则上可以将过去——特别是对自己不利的过去——"付诸流水",同时也没有必要为未来担忧。"哪知明天刮什么风",发生地震也好,泡沫经济瓦解也好,不管明天发生什么,无视建筑物的安全标准只管**现在**拼命赚钱,将不良债务搁置起来**现在**好好做生意。如果建筑物的危险性暴露出来,不良债务收不回来,那个时候再深深鞠躬,"诚心诚意"地对"惊扰大家"的做法表示道歉。总而言之,就是不考虑未来,追逐当前的利益,失败的话就付之流水,至少努力那样去做。努力的内容是"诚心诚意",即"心情的问题",但当事人以怎样的意图行动(意图的善意)比起那种行为给社会带来何种结果(结果责任)更成为话题的中心。文化传统绝没有消亡。

　　无始无终的时间的另一种表象是像钟表的指针那样循环的时间。在那里,事件不是只发生一次,而是发生多次。冬天来临,春天就不远了。本书的第一部已经对无限的直线时间和循环的时间进行过详细论述。在这里有必要引起注意的是:对事情的一次性否定并没有削弱对现在发生的事情的关注,反而起到了强化作用。如果今年冬天与去年冬天差不多的话,了解今年的冬天同时也能了解去年的冬天,那比依靠记忆更加准确。如果相同的春天反复降临的话,观察现在的春天可以预见未来的春天。循环的季节意味着将过去及未来的所有季节"现在化"。俳人的季语表示过去、现在、未来的所有季节。关于这一点,大概无需举例说明。时间的"整体"是现在无限持续的直线或者无限循环的圆周。如果各个现在是整体的"部分",是相互等价的话,可以认为日本文化的传统所强调的现在集中主义可以理解为是针对整体而言重视部分倾向的一种表现。在那里,并非将整体分割为部分就能成立,而是部分集中起来形成整体。

　　"空间"的整体广阔无垠。部分是"这里"即"我所处的场所"。那种场所的典型便是村落共同体,村落的界线明确,对于村人来说,界线内和外的两种空间形成整个世界。村落的领域不是将世界空间整体分割的结果,村落的集合形成故乡——我们暂且不讨论故乡意味着什么这个问题——空间的整体是作为故乡外部广阔无垠的世界而被给予的。首先有我们居住的场所＝"此处",在其周边有广阔的外侧空间。整个外侧空间除了与所属集团内侧直接接触的特定面(例如佛教以及工艺),并不是强烈关注的对象。在八世纪初编纂《古事记》的人肯定知道朝鲜半岛的三国、唐、天竺的存在。但是,《古事记》开头部分的创世神话只讲叙了日本列岛的创造,对于外部地区的创造则只字未提。即使在十八世纪后半进口了荷兰绘制的世界地图之后,解读《古事记》的代表性学者本居宣长的世界观与《神代记》没有根本差别。宣长所居住的地方＝"此处"是世界的中心,在周边存在与中心相关的周边部(朝鲜半岛、中国以及荷兰等)。他认为不是先有世界整体,然后给作为其中的部分(例如日本)来定位。

个人所属的集团未必是国家(日本)。对于德川时代的武士阶层来说,那主要是藩;对自耕农来说,那主要是村落;而对大商家来说,则是堺或大阪的町人社会。在明治以后发展起来的中产阶级他们在所属政府机关或者大企业中寻求他们的"自我认同"的根据。他们在各自的"此处"生存、工作、交易、竞争。"此处"既可以伸缩,也会重复。从家庭到国家,从"性别"到年龄,一个人属于多个不同的集团,但人们将各自的集团领域作为"此处"来认识。从"此处"来看整个世界,而不是从整个世界秩序来看其中一部分＝"日本"＝此处。这种构造,即部分先于整体的看法在战败和占领后的二十世纪难道发生了变化吗？如果从日本的对外态度来看的话,不能说在根本上有所改变。

为了解决国际问题,各国都主张对自己有利的解决方式。其手段大致可以分为三种。第一种手段是凭借武力将自己的想法强加给对方,那是帝国主义的态度。必要的力量主要是经济实力、军事实力,这些实力的一方或者双方必须是压倒性的。二十世纪后半期的日本没有那么强大的力量。第二种手段是只有在与自己国家的利益直接相关时才介入问题领域,那是强烈而且是固执地主张国家利益的外交。那对于日本来说是处理国际问题的典型态度。例如与美国的"贸易摩擦",与俄国(原苏联)的"北方领土"交涉。第三种手段不是直接主张国家利益,而是针对整个问题领域,从多个有可能的解决方法中选择对国家利益有利的方法(国际秩序之一)提出来。原苏联、美国、中国以及EU经常采取那样的态度。为什么日本的对外态度不是倾向于第三种而是明显倾向于第二种呢？不用说在具体场合分别与复杂的条件相关,但回眸半个世纪的历史,我们可以将造成那种情况的大背景总结为日本的视线不是朝外,而是朝内。也就是说主要关注的是"此处"＝日本,而不是将日本作为部分来理解世界＝"整体"。"此处"文化的传统即便现在也保持着。

这样一来,"此处"的文化也与"现在"的文化一样,被还原为部分和整体的关系。换言之,部分先行于整体的心理倾向在时间上的表现是现在主义,在空间上的表现则是共同体集团主义。在部分与整体的关系中,"现在"的文化与"此处"的文化相遇,相互融合,并一体化,成为"现在＝此处"的文化,就像梦幻能乐的舞台。

梦幻能乐的舞台上只有磨光的地板,只有寂静支配着舞台的空间。尖锐的笛声吹响时寂静的空气就像要被撕裂一样。笛声响起,又立刻消失。在那种笛声中,有登场人物从出入口幕帘的深处、从遥远的过去走上舞台的力量。舞台很快变成宫廷的园林或者坛之浦的战场。主人公不是讲述自己对往事的记忆,在那里为得不到认可的恋情而烦恼,在船上挥舞长刀。他们起舞,舞姿瞬息万变,各种舞姿大概都是浓厚的、决定性的各种时间的表现。在狭窄的空间中一瞬的经历可以无限深化,那种表现也可以无限地洗练——能乐舞台向我们展现了这些。观众不是因为对历史感兴趣,而是为了观看现代剧,即他们自身的戏剧而聚集到那里。看他们自己的戏剧也就是自己对"现在＝此处"文化进行定义。

第二章　逃脱与超越

关于逃脱的愿望

共同体保证其成员的安全,至少在名义上不让成员受到来自外部的威胁,例如干旱以及税吏。同时,共同体也极度限制成员个人的自由,那种压力涉及到日常生活中的各种场面,甚至是红白喜事的细节。因此,共同体的工作效率往往比较高。但是,对于个人成员来说,那种约束简直难以忍受。

这种共同体＝集团的习惯被制度化,严格地被组织化,特别是在从十七世纪后半期到二十世纪前半期的大约300年之间。前期的200年是幕藩体制下的农业社会,后期的100年是在天皇制官僚国家体制下的快速工业化的社会。在那里发挥作用的强有力的共同体有大有小,从父系家族、农村、公司,甚至到日本国。不论哪种共同体的界线都十分明确,出入困难。不论哪种集团统帅能力都很强大,具有制裁脱离者的手段。在其内部并不是谁都感到满足,不满日益增大也并非不可思议。德川时代在全国各地发生的被称为"擅自参拜"或者"偷偷参拜"的集体参拜伊势神宫的做法便是潜在不满爆发出来的体现。男女放弃家业,中断做了一半的工作,鬼迷心窍似的加入路过村落前去参拜伊势神宫的队伍。据说在1、2个月之间,通过特定关口的参拜者人数达数百万。没有史料显示当时发生了大规模暴力事件或者急性传染病以及饥馑。动机,更准确地说是契机似乎是听到了伊势神宫的神符从天而降的传言。

契机因时因地有所不同，但不得不认为类似的集团歇斯底里反复出现的背景中存在希望从日常秩序和压力中解放出来的被压抑的愿望。那种愿望——根本无法实现的从日常性、共同体中逃脱的愿望——浸透到了几百万人，合起来恐怕上千万人的大众之中。

他们想逃到哪里去呢？他们并不是在遥远的未来期待远离现在的共同体秩序的另外一种秩序。他们或许期待神符的利益，那种利益应该在今日的现实中实现，并不是遥远的未来世界的事情。伊势神宫不是未来理想社会的目标，另外那离参拜者所居住的"此处"也不远。那不是像古代中国人的蓬莱、冲绳人的"仪来河内"或者希腊人的塞瑟岛那样遥不可及的远方。伊势是天照大神的圣地，圣地不是处于我们"现在＝此处"的外部，而是处于界线的内部。"现在＝此处"的最大延长领域是日本国，日本国就是世界，世界包括伊势的圣地。这样一来圣地不是他界，而参拜伊势神宫的狂热只不过持续了几个月。

狂热过后人们何去何从呢？大概只能回到故乡的村落，继续从事中断的家业，好像什么也没有发生过似的。但是在村落遇到严重的灾害、地主和税吏苛酷，村民的生存都受到威胁的时候，该怎么办才好呢？在神的保护下偷偷地参拜伊势神宫显然不能解决问题，因为在收税一方和缴税一方，统治和被统治者对立时，神从来不会站在人民一边。暴动以及起义等便是绝望的行动。暴动在幕府末期激增。众所周知，幕藩体制因为欧美舰队的"外压"以及国内农民暴动最终走向崩溃。

逃脱的愿望很早就在民间故事以及传统中体现出来了。浦岛传说在日本非常典型，在由中国传来的故事中邯郸梦广为人知，前者见于《万叶集》，后者有能乐曲《邯郸》。那都是往来于他界的故事，故事结构酷似。浦岛传说的主人公是一名年轻善良的渔夫，他的日常现实是渔村，他界是龙宫，两者两隔甚远。在时间上，龙宫的时钟比渔村的时钟转得慢得多。在空间上，龙宫在遥远的海上，只有凭借报恩的海龟的力量才能到达。在日常的现实空间，没有什么特别有意思的事情，人们平静地老去；而他界则无忧无虑，有美味佳肴，人们永葆青春。但是，当主人公与海龟一起从渔村出发的时候，他对龙宫的了解有限。当他从龙宫回到渔村，打开玉匣，返回渔村的时间之后才知道了一切。他去龙宫不是为了寻求他界的快乐与幸福,而是为了从村落即共同体逃离,哪怕时间很短暂。

邯郸梦的主人公是蜀国的穷书生卢生。在旅馆里哀叹贫穷是他所处的现实。店主在得知情况之后,从道士那里借来枕头给卢生,卢生枕着那个枕头睡午觉,一睡下就做了一个梦。梦的世界是他界,梦中的世界是包括邯郸在内的中国的中心地区。那与现实中旗亭的一间房的空间有极大的差异,时差也很大。梦中的时钟与浦岛传说中相反,比现实的时钟转得快得多。在梦中的他界,卢生居然成为中原之王,向天下发号施令,一生享尽荣华富贵。但是,梦中的一生比在现实世界煮小米的时间还要短。主人公的"现在=此处"和他界的时空的距离总是很大,浦岛骑在海龟的背上——动物常常具有人所没有的超自然的能力——,卢生则通过做梦在一瞬间超越。

像这样,打破共同体的界线,超越障碍,克服遥远距离走向他界的手段多种多样。但是,现在不对这个问题,特别是"梦"的作用进行深入探讨。在走向他界的动机中,不仅有对他界的憧憬,而且还有抱有的比憧憬更加强烈的逃脱愿望,在此只指出这一点就够了。关于浦岛,在前文中已经论述了。那一点在卢生身上更加明显。如果他不哀叹贫穷的话,谁也不会把"梦枕"借给他,他自己也不知道梦见什么而尝试枕着梦枕睡午觉。如果用佛教用语概括这些的话,便是先行于"欣求净土"的"厌离秽土"(源信)的一贯性。

逃脱"现在"

从"现在=此处"的环境中逃脱出来有两种做法。一种是沿着时间轴从"现在"逃脱出来(我们将那称为逃脱时间),另一种是从"此处"逃脱出来(我们将那称为逃脱空间)。在民间故事中体现出来的他界的时间以与共同体内部的时间不同的速度流逝,同时又位于远离现实日常世界的地方。我们可以将那视为逃脱时间、逃脱空间的混合,或者认为那是一种未分化的状态。在知识分子身上,逃脱时间、逃脱空间的愿望有所区分,多采取两种不同的表现方式。

逃脱时间的愿望可以分为朝向历史时间的未来的情况和朝向过去的情况。在同一场所超越现在所处社会空间的构造和文化，想象在未来出现的理想社会是乌托邦。在日本，从现状中逃脱，走向乌托邦的思想、运动及其反应（例如文学作品）等与文艺复兴期以后的近代欧洲相比要少得多。那大概是因为在日本从根本上改变社会体制的可能性比较小的缘故。明治维新前后算是例外。那一时期政治小说、未来小说层出不穷，那是因为社会革新激剧而广泛，人们各自抱有很大的期待感。① 另外，在1945年战败后历史学家的活动方面也出现了同样情况。对未来充满期待，重新解读历史也是理所当然的。但是，1945年之后不久与维新前后一样，都是例外的时期。

逃脱时间的第二种方法是将历史追溯到遥远的过去。在其极限中，应该能够再次发现失去的乐园、政治伦理的乌托邦、没有被后来的堕落污染的和平正义的社会。比如尧舜的古代中国、"惟神之道"的古代日本。即便在日本，荻生徂徕也主张前者，本居宣长则主张后者。众所周知，徂徕与幕府推崇的朱子学进行斗争，否定朱熹对古典的注释，根据古文辞学编写了《论语征》，《论语征》所收古文献之广引人注目，而且富有创意，是德川时代儒学的杰出代表著作之一。徂徕凭借他的智慧，从十八世纪日本的朱子学的世界、林罗山家族所支配的学界、狭小且闭塞的"现在＝此处"的时空中逃脱出来了。当然，在厚重的墙壁上凿开窗户的并非只有徂徕一个，还有兰学家以及怀德堂的革新町人学者。但是，得到柳泽吉保支持的徂徕和蘐园学派的影响比较大。

宣长是伊势松阪的城镇医生，他将荻生徂徕古汉语研究的方法——实证语言学和文献学运用到古日语中，撰写了前所未有的《古事记传》。《古事记传》是宣传继贺茂真渊之后废儒佛之学，主张"国学"的主要学术成果。宣长从真渊那里获得了研究对象，从徂徕那里学习了研究方法。但是，如果只是那样的话，他大概难以终生与儒学者、学僧进行斗争。按他的话说，他是以"神代记"的

---

① 详情可参见栗田香子"幸田露伴与未来——'露团团'的时间考察"，《文学》6—1，2005年，1—2月所收。

"大和之心"与儒佛的"唐之心"对峙。他提倡"大和之心",在《直毘灵》中宣扬狂信主义,在《驭戎慨言》中散布煽动性流言。简直无法相信"大和之心"是从《古事记》研究中产生的。事实并非如此,是因为宣长首先对"大和之心"有一种直观和确信,这使他将目光投向《古事记》。不是由《古事记》到"大和之心",而是由"大和之心"到《古事记》。他是在何处发现"大和之心"的呢?文化中心在京都和江户,伊势松阪离京都不远,但青年时代曾经在京都游学的宣长再也没有在京都居住过,只是在那里做过一次短暂的旅行。文化的中心也就是儒学的中心。江户相距较远,除了例外的短期间,仕官也不曾成为问题。宣长事先就从受"唐之心"毒害的文化中心逃脱出来了,每天从事小儿科医生的工作。生病的儿童不会一个人来看医生。他因为职业关系平时不论是在门诊的时候,还是在开药的时候,常常与松阪一带的母亲们接触。"大和之心"的真髓就在那里。他们思考、感受事物的方式,他们的语言和喜怒哀乐与京都的"知识阶层"的,即医生＝儒学的社会是不同的。正是那种差异使宣长后来将"大和之心"与"唐之心"对照并公式化,将历史追溯到《古事记》,来探寻其源泉。坦率地说,正是那种"大和之心"后来成为丸山真男分析日本思想史的固定低音时的对象,我将那视为贯穿日本文学史的"土著世界观",那种世界观是对于外来思想的一种反击。"唐之心"与"大和之心"两项对立的背景是京都对松阪,儒者对病儿的母亲,以及关于人性的合理主义(例如《孟子》)对文献学实证主义(从《紫文要领》到《古事记》)的关系。宣长的逃脱愿望非常强烈,几乎到了战斗性的程度。

逃脱"此处"

逃脱空间也有两种方式,一种是去旅行,逃至他界,再回到出发点。浦岛从龙宫及其时间回到渔村及其时间,卢生从梦中一生回到煮小米的旅店。第二种方式是避难,从自己国家逃脱到别的国家,不一定再回到出来的国家,避难很多是因为政治上的原因。阿倍仲麻吕作为留学生随遣唐使赴唐,在唐受到重用(与李白、王维为至交,曾任安南使节等),一生没有回到日本。至少他一时有过回国的想法，但因为技术上的障碍（渡海失败等）而未能实现。是不是有其他政治等方面的原因不甚清楚。总之逃离空间大致有回去和不回去两种情况。就代表性抒情诗（和歌、俳句）来看，日本与中国以及欧美相比，以旅行为题材的作品比较少。至于避难则极少成为诗歌表现的题材。那直接意味着对于日本的诗人来说，其生活空间的界线以及与之相应的想象世界的界线显然是闭塞的。

中国诗人创作过很多描写旅途感慨以及送别踏上旅途的友人的诗歌，那些诗歌对《万叶集》也产生过影响。属于"羁旅"部类的诗歌不在少数。

昔年在家时，持碗加餐饭。如今羁旅客，椎叶把饭添。
（有间皇子，卷二，挽歌）

这是黄泉之旅，表明旅行的印象与生死的问题紧密相连。但是，到了平安时代，《古今和歌集》中的旅歌急剧减少。那是因为宫廷文化圈中的屏障很高，很少有人能够超越。但是，界线的关卡离平安京不远（例如逢坂之关）。不用说想象力能够驰骋得更远。歌枕是一种便利的工具，无须实际出行，也能歌咏遥远的旅途。平安中期的歌人能因法师创作了那首有名的白河关之歌。那种传统长久流传，室町时代的画家们喜欢画没有见过的潇湘八景。最早亲临现场运用水彩画技法写实地描写观察到的风景的日本画家是雪舟。在准备充分的旅途中将自己观察、经历过的对象用美丽的短诗形式加以表现的行旅诗人是松尾芭蕉。不是所有日本人都"热爱自然"，是芭蕉热爱自然。他在大自然中旅行，看到了新绿、波涛汹涌的大海、银河，听到了蝉鸣。在"现在＝此处"，在二十一世纪初日本的某处会有人访问新绿的村庄，听阵雨般的蝉鸣声吗？

雪舟与芭蕉的伟大之处在于他们发现了日本的"自然"。而要有所发现，有必要从京都、江户之旅的闭塞文化圈的框架中逃脱出来。但是，现在他们所发现的"自然"已经消失了，至少大部分已经消失了。即使在日本全国旅行，也已经与他们旅行的性质完全不同了。他们不是从旅行中找出一时的平静和乐趣，而是在发现大自然的同时发现了"这条道路"即新艺术的创造力。不用说,即便将国内旅行扩大到国外旅行,问题也得不到解决。

避难这种选择

日本没有人避难,在锁国时代基本上没有人去国外留学。虽然有外国人到长崎来,但没有人得到正式批准定期从长崎去国外。明治以后派遣了许多留学生以及视察团到欧美诸国,但是他们当中基本上没有人留在当地不回来。

结束后回到自己国家的旅行不算避难。十九世纪"开国"后的日本没有正式接收外部的政治避难者,也使日本人难以到国外避难。从二十世纪三十年代至1945年战败,纳粹德国与侵略亚洲的日本的对照性差异之一便是日本的知识分子当中很少有人避难。在同一时期的德国以及奥地利,许多犹太裔知识分子、学者以及艺术家为了逃避纳粹的犹太种族灭绝政策逃亡到了国外。从爱因斯坦到托马斯·曼,从勋伯格到格奥尔格、从法兰克福学派到弗里兹·朗格都是如此。他们主要到美国避难,美国的文化水准甚至因此发生了变化。当然,在日本并不是完全没有到国外政治避难的人。过去"大正民主主义"的领导人之一大山郁夫(1880—1957)在战争期间就曾逃亡到美国(1932—1947)。共产党的政治家野坂参三(1892—1993)在战争期间也曾经逃亡到前苏联、中国(1931),战败后回国(1947)。另外,左翼导演佐野硕(1905—1966)在1931年离开日本,到莫斯科避难,当过梅伊恩尔的助手,在斯大林肃清运动时逃到墨西哥(1935),致力于当地的戏剧振兴。在二十世纪六十年代前半期,他在墨西哥城设立了自己的剧场,在首次开演的前几个月,感叹说"到今天耗费了四分之一世纪",话语中充满了自豪和无限感慨。那个时候他已经不是来自日本的逃难者,而是在墨西哥社会实现了自己理想的戏剧家。那时,他站在空无一人的剧场的舞台上自言自语地说的话充满了希望与力量。几年之后我再次去墨西哥访问时,佐野硕已经不再人世了。

日本的逃难者很少,其中能在异国实现他们理想的则更少。在年轻的森鸥外的脑海里,大概也梦想过留在柏林与恋人厮守,不回东京,即不回陆军省或者文坛、森家一族,但那始终只是梦想。永井荷风说他在依照父亲的命令回国之前曾经苦恼过,想过是不是即使生活无依无靠也应该留在巴黎客死他乡。他的确苦恼过,但并不是因为应不应该回国这样的选择而感到犹豫。在那很久以后留学欧洲的木下杢太郎(太田正雄)偶尔到那不勒斯游玩,想过是不是应该留下来。但是其迫切感不如鸥外以及荷风。也就是说,他们都没有跳出留学生的框框。但是,他们并不是没有逃脱的愿望。他们非常了解从十九世纪末到二十世纪初的西欧社会,充分认识到日本的"现代化"是"表面性的"(夏目漱石),那种现状是"正在施工"(森鸥外)。他们不可能没有想过要从那种状态中摆脱出来。但是,他们也认为"现代化"是必然的现象,"表面性的"以及"正在施工"是不可少的坏事。

另外,油画师们的情形又如何呢? 大部分"西洋画家"都去过巴黎,至少在那里留学过几年。从黑田清辉到梅原龙三郎都是如此。那是因为从十九世纪到二十世纪前半,巴黎被视为世界绘画的中心,世界上的画家们都聚在那里。黑田清辉他们希望在那里学习最新的技法和形式,将它们带回日本的画坛。除了藤田嗣治(1886—1968),日本画家再也没有人敢于向巴黎的画坛挑战,留下来参与正在那里发展的绘画史并作出了贡献。莫迪利阿尼以及斯汀、夏加尔逃难到巴黎,在二十世纪二十年代形成了所谓"巴黎派"。藤田运用他自己在巴黎(不是在日本)发明的技法和形式,加入其中。他是在进行艺术避难。在这种意义上,与藤田并列的避难画家恐怕只有国吉康雄(1889—1953),他在17岁时去美国,在纽约度过了一生。

我们且不谈例外,如果将日本的绘画与西洋的绘画大致进行比较的话,从十九世纪末到二十世纪初前半的状况与十八世纪到十九世纪前半的状况正好相反。在锁国的时代,日本的代表性画家们即便一步都没有跨出国门,但他们的作品(主要是木板画)对西洋产生了很大的影响。反而在开国时代,即所谓的"近代日本",没有出现可以与德川时代的木板画匹敌的在国际上受到高度评价的作品。至少就绘画而言,似乎锁国带来了文化的国际化,而开国带来了文化的地区闭塞性。那大概是因为艺术的创造性只有在彻底追求自己国家或者故乡的文化所给予的条件的特殊性时,只有通过穿越(超越)艺术普遍性的运动才能成立。那不限于近代日本,也不限于绘画的场合。那种运动的方向与科学技术的场合相反。从《都柏林人》到《尤利西斯》,从爵士乐和黑人灵歌到《蓝色狂想曲》,从墨西哥的土著民族文化到"革命画家"的壁画都是如此。

避难的第一阶段是逃脱。但是逃脱并不一定保证能够避难。想要从个人生长的自然以及文化环境中——那一般是故乡,在有的情况下是自己的国家——逃脱出来,在很多情况下是因为感觉在那里个人的独立和自由受到威胁。例如就业机会的限制,共同体对结婚以及离婚的压力,缺乏言论及表现的自由等等。一方面,在共同体内部,存在谁都承认、甚至热爱的独特习惯以及特殊价值。另一方面,在共同体以外,存在被认为个人的独立和自由被广泛承认的世界,即存在普遍价值的世界。故乡习惯的特殊性保证个人的安全和自我认同意识,但同时也剥夺了个人的自由。异乡价值观的普遍性保障个人的精神自由,使其人格的统合(integrity)成为可能。但是在那里发生的事情很难预料,危险相当大。选择哪一方不是选择"幸福"的问题。不论怎么定义"幸福",两方面都有幸福的时候,也都有不幸的时候。但是个人常常要做出强调其中某种价值观的选择。究竟是特殊主义还是普遍主义呢?在那种二律背反的极端的情况下,不得不做出选择。例如十五年战争期间的日本社会就是如此,"国民精神动员"是强行将价值观统一,是彻底的特殊主义的做法。因此理所当然可以想象至少有相当多的人会产生逃脱的愿望。

战败后,言论恢复自由后,小说家正宗白鸟(1879—1962)创作了晚年的代表性长篇小说《逃脱日本》(1949—1953,未完)。小说讲述的是一对男女从战争期间的日本逃离到地球之外的空想故事。目的地是鸟人国,再往前走就是被称为"黑暗"的兽人国,主人公们在那里变成了野兽。整个故事完全寄托在空想上,就算那反映了作者自身有过的愿望,但逃脱之后的鸟人国以及兽人国反映了作者怎样的想法、理想或者反理想则不得而知。至少就已经发表的部分来看,那部小说只讲述了"逃脱",没有讲述"避难"。

产生逃脱的愿望是因为缺乏自由。要实现愿望存在很多困难,在战争期间从日本逃脱不论对谁来说都几乎是不可能的。如果无法逃脱的话,也无法避难。但是在整个近代日本历史中逃脱并非总是不可能的。避难的知识分子以及政治家极少这一点不能仅仅用难以逃脱来说明。要想实现逃难,当事人必须具有超越所有地区文化的理想,对无论付出何种代价也想得到的普遍价值观抱着坚定的信念。那种理想以及价值在避难地能在多大程度上实现是以后的问题。避难的话要舍弃故乡有魅力的所有事物。在期待异国有比那些都要珍贵的东西的时候,或者只有在那时候,人才会去避难。德国诗人海涅为了追求共和主义和言论自由到法国避难,在那里度过了后半生。失去的东西很多,得到的东西也许更多。在两次世界大战之间日本式"自然主义"的代表作家正宗百鸟作品中的主人公如果没有海涅那样的坚定信仰的话——哪怕那是幻想,那么他们不论在何种意义上都不会谈及避难。

将成员个人的行动和心情都强制性地纳入其中的共同体伴随着一种恶性循环。纳入的程度越强,个人的自由越受到限制。那种限制超越一定程度,就会产生逃脱的愿望。为了阻止人们实际逃脱,进而必须更加限制出入界线的一般的自由。那种限制当然会强化逃脱的愿望。这便是恶性循环。对于避难的愿望,共同体能做的一件事情便是破坏产生那种愿望的根据。然而,如前所述,个人产生那种愿望的根据是"参与"超越共同体特殊价值的普遍价值。对此,共同体只能以单个的、特殊的价值来与普遍价值对抗("你居然也是日本人")。其结果或许是保证至少有少数人确信普遍价值,或者将大多数人引向顺应大势型的妥协。在近代日本,第二种结果一直很突出,所以避难的人少。

超越时空间

对外部封闭的集团——例如德川时代的武士家族、村落共同体、日本国等——在将习惯以及规则强加给个人的同时,还限制、压迫甚至破坏个人的自由与情感活动。在那里,集团秩序和成员个人的欲求之间产生紧张关系,紧张激化的话,大概就会产生从集团逃脱的愿望。但是因为未必就能实现,要想实现逃脱,至少首先要保证能超越界限,其次要有地方去。然而缺乏出入界线的自由是集团秩序的一部分,几乎不存在改变集团秩序的可能性——不论是合法的还是非法的——那正是产生逃脱愿望的动机。不是想逃脱但逃脱不了,而是因为逃脱不了,所以想逃脱。对方的信息,特别是在关于日本国外的信息极其有限的幕藩体制之下,即便从"现在＝此处"的共同体逃脱,也无法知道要去的地方会发生什么(那种传统从明治维新前后到现在完全没有消失)。

"此处"的环境无法改变,也几乎不可能逃脱。在这样的条件下,成员的绝大多数会停留在共同体内部。他们是如何应对现状的呢?如果面临饥饿的话,会以"起义"的形式进行绝望的反抗。但是那属于例外。幕藩体制用武力镇压起义,将领导人(官方认为是领导人的人)处死。以后贫困有时缓和了一些,有时并没有缓和。

在幕藩体制最为安定的十八世纪,出现了一名叫平贺源内的知识分子。他梦想逃脱日本,但是没有实现。自己写了空想的世界周游记。在他的《风流志道轩传》中,主人公从仙人那里借来扇子,凭借那种超自然的能力在天地之间自由来往,观察"诸国之人情"。因为"人情所至之处以色欲为第一"①,特别关注花街柳巷的风俗。在日本国内巡游一番之后,转向外国——羽扇不仅可以在空中飞翔,还能越过大海——在经历了大人国、小人国以及怪物住的国度之后,来到了清朝的后宫,充当了宫女的"男宠"。故事中的"外国"的范围到中国为止,作者曾经学过兰学以及物产,还制作过有名的"摩擦发电器",但故事里没有出现中国以外的国家。主人公所视察经历的领域主要是花街柳巷,描写的也是一些表面、常识性的内容。作者将花街柳巷的男女关系颠倒过来,以"男色"取代"女色",那显然是吉原的谐模文,但并没有什么批判性,更不用说政治讽刺性了。虽然也有几处对儒者的揶揄,但那不过是在风俗方面轻描淡写的讽刺。《风流志道轩传》不是《赣第德》,它既没有对现状的激烈批判,也没有提示社会正义的未来。平贺源内不是伏尔泰。即便如此,他在十八世纪的日本社会也是例外。他没

---

① 《风流志道轩传》卷一,《平贺源内全集(上)》,名著刊行会,1970年。

有像小说中的主人公那样从日本逃脱至"外国",但也许从被认为是正气的日本社会逃脱至了疯狂的世界。

生活在共同体内部的在做什么呢？如果将个人的心情、精神统称为"心"的话,那么从"心"来看,共同体的内部其实是外部。世界由我的心的"内界"与围绕我的"外界"或者环境构成。环境即包括自然环境,也包括社会环境,后者是他者与他者营造出来的所有事物,即文化。当然,"内界"与"外界"以身体为媒介相互、不断地产生影响。但一方不会被还原为另一方。"外界"的大部分变化与个人的内界(＝心、意识、感情和精神)的变化无关。不论我们是否希望,该下雨的时候就下,该长恶性肿瘤的时候就长。相反,个人的内界在很多情况下是真实的,对于外界相同的事情,未必会做出同样反应。做出怎样的反应不是由外界的变化决定,而是由我自己心里的想法决定。在这种意义上,心和环境、心内外的世界是相互超越的。因此,在感觉难以忍受环境的时候,个人能够采取的态度大概有两种。一种是改变环境,另一种是改变自己的想法。不论采取哪种方法,要想改善"现在＝此处"的状况,需要各自固有的技术。该社会与历史所固有的那个时代的文化为人们提供了必要的技术。

十八世纪典型的日本文化封锁了逃脱出去选择别的文化的可能性,幕藩体制进行根本变革的可能性也被封锁住了(安藤昌益算是例外)。外界的构造是不变的,因此,那种文化首先在外界与内界交织的地方、身体感觉领域,即外界细部的表现方面走向彻底的洗练。例如宗达光琳派、浮世绘的木版画、一般造型美术,进而还有音乐、服装、美食、戏剧、花街柳巷等便是其结果。其次是对内界的关注,简而言之是在"心情上"下工夫。在那里表现出了解决常常发生的内界与外界的尖锐对立的实践上以及理论上的创意。大致来说有四种类型。

第一种是町人社会的"义理人情互不相干"型。义理是统治阶级强加于人的价值体系,是正式的外界秩序。人情完全是在个人内界与町人文化协调的价值,义理人情与公私、内外界作为界线分明的领域并存、重叠。如果超越界限,在正式的领域(例如婚姻)中追求人情(恋爱)的欲求的话,那么社会会以死来处罚当事人。那是近松门左卫门的净琉璃所讲述的殉情故事。

第二是石门心学。一方面承认所谓"士农工商"各个阶层的社会作用的差异，另一方面强调他们的社会贡献度的平等。在理论上，正如"心学"这个词所表明的那样，以实现接近禅的彻悟的内在境界为个人生存方式的目标，是一种折中主义。因此继创始人石田梅岩之后，从手岛堵庵的时代起"心学"获得了广泛的支持者。关于石田梅岩，我以前进行过详细论述，[①]在此就不重复了。

第三是徂徕型。那是将外界秩序的理想形象（"先王之道"）绝对化，试图将内界吸收到其中的历史哲学。但是，不难想象将古代中国社会的理想与十八世纪当时日本社会联系起来的做法中存在很大的障碍。但是他有很多弟子，在儒者之间有较大的影响。

第四种是宣长型。宣长型与徂徕型相反，强调实现内心的感情（"幽情"、"惟神之道"）力图将整个外界集中到那里，真是荒唐无稽。但是宣长的弟子比徂徕还多，他的国学民族主义在全国蔓延。国学对于明知维新的贡献也不能无视。做出贡献的与其说是撰写《古事记传》的大学者的宣长，不如说是作为《驭戎慨言》的民族主义者的宣长。

在心之外的世界，所有事情都在时空间中发生。但是，在心的内部产生的想法可以不受时空间的束缚，而且自古以来就有无数这样的事例。超越时间、空间的条件主要是宗教性的，其中既有以人格上的绝对者，即神为媒介的情形，也有不是以其为媒介的情形。不以人格神为媒介，不仅超越时空间，而且还超越所有二律背反（自他、生死、有无）的神秘经历的代表性事例大概是禅的"彻悟"。强调"此处"的日本文化归根结底需要"现在即永远"、"此处即世界"的普遍性智慧。因为有这种必要，所以禅在日本文化中有它的作用。不过，关于禅体验的内在理解超出了本书的范围。

---

① 加藤周一：《日本的名著18 富永仲基、石田梅岩》，中央公论社，1984年。

后　　记

　　我来说一说为什么要写这本书。

　　二十世纪五十年代前半期,我是在巴黎度过的。当时感觉欧洲文化的基础部分与日本文化的基础部分形成鲜明对照,回国以后指出了日本近代文化中活生生的"混合性",并强调了其积极意义。

　　六十年代,我在加拿大的大学任教,讲授日本文学史,通过文学对日本精神史(以及思想史)的本质性特征进行了探求。《日本文学史序说》(筑摩书房)便是那个时候的成果。我认为外来思想和土著思想是两种向量,外来思想的日本化是两种向量合成的结果。土著思想的基本是"此岸性"和"集团取向"。

　　七十至八十年代,我频繁地换工作,在日本、中国、墨西哥、北美以及西欧等地漂泊。漂泊生活伴随着一定程度的不稳定性,但乐趣更大。乐趣之一是在不同的文化环境里能够体现、观察不同的时间空间概念。既有剧场在傍晚六点钟开放的城市(例如东京),也有戏剧从晚上九点半开始的地方(例如威尼斯),经营夜宵的餐厅与之配合,风俗习惯也显然有所不同。位于山国山谷间的城镇(例如萨尔斯堡),不论走到哪里风景都很别致,很适合散步。坐在临近谷川的咖啡馆的凉台上,传来的是人们谈论的莫扎特歌剧的轶闻与冲击在岩石上湍急流水交织的声音。但是在辽阔的草原城市(北美南部的俄克拉何马城,北部的爱德蒙顿)是没有"郊外"的。驾车跑上十公里、百公里风景都不会有什么变化,看不到远处的山脉,也看不到巴洛克教堂的尖塔。那里不说散步,就连汽车也不管用,那里是专门靠喷气式飞机来移动的空间。在那里只能看到壮丽的夕阳。我逐渐开始关注一个问题:时间有时过得快,有时过得慢;有的是朝一个方向的有限时间,有的则是无限的时间;有的时间循环,有的则不循环。日本文化的特征究竟是由哪一种时间概念决定的呢?是哪种时间意识在日本文化的环境中发挥作用呢?

我曾经在许多国家的许多大学就日本文化中的时间以及空间的意识做过演讲。另外,在成蹊大学就时间与空间的意识及表现讲了一个学期的课,那时的教案就是本书的原型。本书的第一部强调在日本文化中典型的时间被集中表现为"现在","现在"发生的事情的意义与由《出埃及记》所象征的犹太教的时间不同,即便无视与过去以及未来的事情的关联也能充分理解。

本书的第二部对空间进行了论述。对于传统的日本文化而言的典型空间是劳动密集型的水田耕作的村落。村落共同体的界线明确,而且根据需要或开放或关闭。村人的行动基准对其他村落的人以及非村落的人(外人)大不相同。村人依靠村落的习惯来生活,集团第一,个人第二,而不是个人第一,集团第二。共同体一方面保证个人的安全,另一方面极度限制个人的自由。实现以全体一致同意为背景确定的目标时效率很高,但在需要变更目标的时候,在选定新目标的过程中,常常显得束手无策。

在思考这种强调"现在＝此处"的文化的时候,会产生两个问题。第一个问题是:强调时间中的"现在"和强调空间中的"此处"是偶然并存吗?如果不是偶然并存的话,那么两者之间有什么关系呢?第二个问题是,当个人对"现在＝此处"的时空不满足的时候,想到了什么超越那种时空的装置呢?本书的第三部对这两个问题进行了解答。

对第一个问题的解答与概念的抽象化程度相关。如果将抽象化往前推进一步的话,因为时间上的现在主义强调被分节化的时间的"整体"的"部分"(即现在),所以可以认为那是时间的现在主义。共同体内部的小空间是外部大空间的部分。也就是说,共同体＝此处主义是"空间的部分主义"。这样一来,"现在"主义和"此处"主义不是并存,而是体现了不是将整体分割为部分,而是将部分积累起来以构成整体这种相同现象的两个侧面。

　　对于第二个问题的解答是时空间的超越装置。时空间既可以从物理上，也可以从精神上来超越。前者是通过避难完成的"逃脱"，后者则是经历宗教神秘主义的彻底体验。在日本，禅就是后者一种典型。由于文献浩如烟海，本书对后一个问题的广袤领域没有进行详细论述。

　　本书是对作者关于日本思想史思考的一个总结。作者走到这一步，得到了许多朋友的指教。再次对指教过我的所有朋友以及关注日本思想史的读者表示衷心的感谢。

加藤周一
2007年3月于上野毛

译者后记

我和邬晓研合译的加藤周一先生的《何谓日本人》2008年初由南京大学出版社出版。我在该书的"译者前言"(于加藤周一先生88岁生日2007年9月19日脱稿)中对加藤先生的生平以及该书的内容进行了介绍,并对加藤先生分析日本文化时的两种分析视角即"混合文化"与"现世主义＝现在主义"进行了简略的分析说明,指出"如果说'混合文化'概括的是日本文化的本质的话,那么'现世主义＝现在主义'概括的则是日本人精神世界的特征",并在"前言"最后祝愿加藤周一先生健康长寿。但遗憾的是,我的祝愿并不能让"有始有终的人生的普遍时间"(本书第16页)逆转,加藤先生于2008年12月5日病逝,享年89岁。

本书日文原著2007年3月出版后在日本引起了强烈反响,因为本书对"现世主义＝现在主义"进行了专题探讨,是先生倾注毕生精力思考日本文化的集大成之作。因为当时我正在翻译《何谓日本人》,所以很想知道加藤先生在他的新著中是怎样发展他的观点的,但在时隔大约一年半之后的2008年夏托在日本访学的同仁李斌老师购得之后才有机会阅读本书。加藤先生的比较文明史的视角以及支撑该视角的渊博的学识,还有他犀利的文笔,这些都给我带来了震撼。2009年3月,东京大学教养学部高田康成教授来南京大学做"表象文化论"集中授课,他在题为"超越近代"的授课中特别提及九鬼周造(1888—1941)和加藤先生,并在小饮时建议我如果有意翻译日本文化方面著作的话,不妨首选九鬼的《粹的构造》以及加藤先生的《日本文化中的时间与空间》。之后,我向南京大学出版社提交了本书的翻译选题申请并顺利通过。2009年，"笹川日中友好基金"的"阅读日本书系"项目启动以后，本书被纳入该书系。今年5月，我在复旦大学出席中华日本学会第五次代表大会时，向"阅读日本书系"选考委员、清华大学王中忱教授聊起自己正在翻译本书，王教授说他也推荐了本书。这更让我觉得这项工作做得有意义。

关于本书的内容，加藤先生自己在"序言"以及"后记"中都做了非常简明扼要的概括，就不需要我在这里饶舌了。不过，有一点想要说明的是：加藤先生本书的分析视角在二十世纪五十年代就已基本形成，只是本书的分析探讨更加系统、深入、缜密，这一点只要读一读在前文提及的《何谓日本人》就会一目了然。

爱徒安然、徐莎莎、于宁帮助录入字迹潦草不堪的手写译稿，韩秋燕帮助校阅全文并补译了数段注释，感谢他们的辛勤劳动。

不当之处，恳请读者指教。

敬祈加藤先生冥福。

彭曦
2010年7月初于南京大学逸夫馆